Der Sterbeprozess beginnt mit der Geburt

– Das kleine Licht –

Maria Safran

Der Sterbeprozess beginnt mit der Geburt
– Das kleine Licht –

———————————

Band I

Bibliografische Information der Deutschen Nationalbibliothek:
Die Deutsche Nationalbibliothek verzeichnet diese Publikation in
der Deutschen Nationalbibliografie; detaillierte bibliografische
Daten sind im Internet abrufbar über:
http://dnb.d-nb.de

© 2009 Maria Safran
Satz, Umschlaggestaltung, Herstellung und Verlag:
Books on Demand GmbH, Norderstedt
ISBN: 978-3-8370-2319-0

Inhaltsverzeichnis

Einleitung

Band I umfasst das „Päckchen", das die 15 Kinder in unsere Familie mitgebracht haben.

Das Buch richtet sich hauptsächlich an alle Mütter, denen Kinder am Herzen liegen, von Beginn der Schwangerschaft an bis ins hohe Alter und soll Eltern Mut machen, so früh wie möglich Eigeninitiative zu ergreifen und erforderliche Maßnahmen einzuleiten.

Zum Beispiel können die ersten 18 Monate bei einem „Spastiker" entscheidend sein ob das Kind laufen lernt oder ein Rollstuhlkind wird. Diese 18 Monate sind eine harte Zeit und Prüfung für Mutter und Kind, denn welche Mutter möchte ihrem Kind schon weh tun? Drei Wochen Entwicklungsrückstand sind nie wieder aufzuholen.

Ich möchte daran erinnern, dass jeder Mensch das Recht hat, in Würde zu leben. Gleichzeitig will ich aufzeigen, dass Menschen mit „Energiedefiziten" durch geeignete therapeutische Maßnahmen und menschliche Fürsorge die Chance bekommen, sich bestmöglich zu entwickeln und in Fülle zu leben.

Ich hatte dreißig Jahre lang als Vollblutmutter einen Zwanzig-Stunden-Tag. Dafür bekomme ich nun nicht einmal fünfzig Euro monatliche Rente. Aber meine Arbeit kann mir sowieso niemand bezahlen. Jeder hat als Faden eine bestimmte Aufgabe im großen Lebensnetz. Ich habe mit hohem Einsatz den Kindern vermittelt, dass sie etwas wert sind und ich bin dankbar, Mutter zu sein. Kinder sind ein Geschenk und wir dürfen sie auf dieser Welt eine Weile begleiten.

In der Fortsetzung des Buches wird aufgezeigt, wie man mit diesen Persönlichkeiten Fortschritte erzielt und als Großfamilie den Alltag organisiert.

Sämtliche Arbeiten und Termine werden nicht gleich, sondern sofort erledigt. Das schafft Ordnung im Haushalt, auf dem Schreibtisch, im Leben und letztendlich im Kopf.

Seitdem ich denken kann, bin ich Menschen und Tieren begegnet, die noch schlechter dran waren als ich und denen es zu helfen galt. Ich habe von Natur aus einen stark ausgeprägten Gerechtigkeitssinn und habe mich schon immer für diejenigen eingesetzt, die keine Lobby haben. In diesem Zusammenhang fällt mir die Millenniums-Erklärung der Vereinten Nationen ein:

Wir Völker.
Ein Aufruf zum Handeln.

Vor allen Dingen möchte ich das Projekt „Lowo International" vorstellen.

Lowo International ist ein Projekt, das sich zur Aufgabe gemacht hat, auf den Gebieten der humanitären und sozialen Hilfe weltweit tätig zu werden, unabhängig von der Hautfarbe und Glaubensrichtung. Lowo International will dabei nicht in Konkurrenz zu bereits etablierten Einrichtungen und Organisationen treten.

Die humanitäre Aufgabe beschränkt sich eben nicht nur auf die Milderung der aktuellen Not, sondern auf zukunftsorientierte Programme, die Abhilfe schaffen. Im Vordergrund wird dabei immer stehen, dass keine reine Verteilung von Hilfsgütern vorgenommen wird, sondern die Grundlagen für die Selbsthilfe in umsetzbaren Schritten eingeleitet wird.

Der Business-Plan sowie die Machbarkeitsstudie liegen vor.

Max

Max war siebzehn Monate alt, als er zu uns in die Familie kam. Er stammte aus einem Heim, das später wegen unzureichender Pflege- und Hygienezustände geschlossen wurde. Max wurde damals von seinem Vater gebracht, der mir alles Mögliche über ihn, sich und seine Frau erzählte, beruflich wie privat. Später hörte ich dann von anderer Stelle etwas ganz anderes und ich machte mir mein eigens Bild. Max hatte einen Wasserkopf und einen erheblichen Entwicklungsrückstand. Er erbrach sich dauernd und wie sich später herausstellte, waren es mehr oder minder stark psychische Probleme, die ihn als Säugling veranlaßt hatten, sich zu erbrechen. Das verlor sich jedoch im Laufe der Zeit.

Der Vater hatte Max damals aus dem Heim abgeholt und dann direkt zu uns gebracht, nachdem ich ihm gesagt hatte, dass ich ihn aufnehme. Max' Aufnahme gingen zwei Gespräche mit dem Vater voraus, die jedoch mein Mann mit ihm führte, da mich die Familiensituation der Eltern nicht interessierte. Die Eltern waren damals noch nicht verheiratet und es existierte noch ein weiteres Kind. Max war in der Klinik zur Welt gekommen und die Eltern hatten wohl Ärzte in der näheren Verwandtschaft. Von deren Seite hatte man der Mutter immer gesagt, alles sei in Ordnung und sie muß dann wohl einen Schock bekommen haben, als sie hörte, dass ihr Kind behindert sei. Nach der ersten Versorgung blieb Max noch eine Weile in der Klinik und nachdem die Ärzte nichts gehört hatten, schrieb man die Mutter drei Mal an, sie möge doch ihr Kind abholen. Da sie auf die Schreiben nicht reagierte, nahm man Max im Krankenwagen mit, um ihn der Mutter zu übergeben. Die Mutter verweigerte jedoch die Annahme.

Danach brachte man Max in das besagte Heim und von dort aus kam er zu uns. Sein Vater brachte damals noch eine Art Einkaufstasche mit. Obenauf lag eine dunkelblaue Jacke. Er meinte zu mir, dass in der Tasche noch ein paar Sachen von Max wären. Im Heim habe er auch noch Kleidung; die könne man dann ja noch anfordern. Als der Vater weg war, wollte ich die Tasche versorgen. Dabei stellte ich fest, dass sich außer der Jacke nur noch Windeln in der Tasche befanden. Ich wunderte mich noch, warum er mir nicht gesagt hatte, dass er keine Kleidung für Max hatte. Später rief ich das Heim an und fragte, ob sich dort noch Sachen von Max befänden und wenn ja, so möge man mir diese doch bitte zukommen lassen. Ich erhielt daraufhin auch ein Postpaket, einen großen Karton. Beim Öffnen kam mir bereits ein entsetzlicher Modergestank entgegen. Ich rief sofort das Heim an und sagte, dass ich das Paket umgehend zurücksenden werde. Wir wären zwar kinderreich, aber nicht asozial. Das Paket ging also wieder zurück und man versprach mir, die Sachen zu waschen. Ich erkundigte mich noch, woher denn dieser schreckliche Geruch stamme und man eröffnete mir, dass es an der Feuchtigkeit liege, da man die Sachen im Keller lagere. Daraufhin verzichtete ich und sagte, man möge mir das Paket bitte nicht nochmals schicken. Man versandte es jedoch erneut an mich und beim Öffnen schlug mir wieder der bereits bekannte Modergeruch entgegen. Zwar nicht so stark wie beim ersten Mal, aber er war trotzdem noch vorhanden. Ich sandte das Paket erneut an das Heim zurück und erfuhr dann später durch Zufall, dass es den Mitarbeitern im Heim nur darum gegangen war, anhand der Paketabschnitte der Post nachzuweisen, dass sie Pakete versandt hatten. Ich kleidete Max dann selbst ein; nach meinem Geschmack und mit Sachen, die keinen unangenehmen Geruch an sich hatten.

Max bekam intensive Krankengymnastik nach der Voijta-Methode, um zu retten, was noch zu retten war. Ich hatte gehofft, dass er nicht stark spastisch sei, was sich dann auch glücklicherweise so herausstellte. Die Anbahnung klappte sehr gut und Max lernte mit der Zeit sitzen und laufen. Später erlernte er auch den Pinzettengriff und das Greifen. Auch das Essen und Sprechen brachte ich ihm bei und Max konnte sich bereits nach kurzer Zeit auf seine Art ausdrücken. Bei allem, was er machte, lobte ich ihn sehr. Er ließ sich auch unheimlich leicht motivieren und fand Gefallen an den ganzen Übungen, die man mit ihm machte. Die Aussprache war klar und deutlich.

Max besuchte die Schule für geistig Behinderte. Mit dem Lernen hatte er es leider nicht so gehabt. Das Schreiben bereite ihm doch einige Mühe, aber dafür konnte er sehr gut malen. Auch Max malte mir, wie alle anderen Kinder, Bilder, die seine Tageseindrücke wiedergaben. Das war dann nicht nur ein Geschenk an Mama, sondern sollte mir gleichzeitig auch, als eine Art Botschaft, zeigen, was ihn gerade so beschäftigte und was er von mir wollte.

Wir hatten damals ein Pferd namens Yolante, das wir auch für therapeutische Zwecke einsetzten. Yolante kannte den Weg, den sie alleine laufen mußte, ganz genau. Sie lief praktisch einmal um unser gesamtes Grundstück herum und dabei saßen die Kinder abwechselnd auf ihr. Diese Runde dauerte ungefähr eine halbe Stunde. Ich konnte mich auf das Pferd verlassen und wußte, dass die Kinder auf dem Pferderücken gut aufgehoben waren. Max ritt auch sehr gerne und er liebte es, wenn Yolante im Schritt ging und er auf ihrem Rücken gewiegt wurde. Der weiche Pferdekörper, das Anfassen und Fühlen der weichen und warmen Pferdehaare, all das faszinierte ihn. Ich gab Max auch verschiedene Sachen in die Hand, Bälle mit Noppen, und mit der Zeit passierte dann auch etwas in seinem Kopf. Er spricht heute ein ganz klares Deutsch und kann sich sehr gut artikulieren. Ich kann mit Recht behaupten, dass er heute ein glücklicher Mensch ist und ich bin mit seiner Entwicklung sehr zufrieden.

Als ich erkrankte und man mir sagte, ich könne mich nicht mehr wie bisher um die Kinder kümmern und müsse sie daher abgeben, wurde auch Max in eine andere Einrichtung verlegt. Max arbeitet heute im Holzbereich in einer Werkstatt für geistig Behinderte und fertigt dort, unter Anleitung, sehr schöne Sachen an. Zwischendurch gab es in der Einrichtung, in der Max jetzt untergebracht ist, ein kleines Problem. Eines Tages rief mich die Heimleitung an und sagte mir, man erwäge, Max in psychologische oder psychiatrische Behandlung zu geben, da er in einer tiefen Lebenskrise stecke. Ich sprach daraufhin mit Max und fragte ihn zunächst am Telefon, was denn los sei. Worauf er meinte, dass ich deshalb so krank geworden sei, da er früher die Türe nie zugemacht habe. Deshalb hätte ich wohl immer noch den Husten und das sei ganz allein seine Schuld. Hätte er die Türe geschlossen, so Max, dann wäre ich jetzt nicht krank und er könnte immer noch bei mir sein. Ich schärfte ihm ein, dass es nicht seine Schuld sei und erklärte es ihm auf meine Art und Weise. Und damit war dieses Schuldgefühl in Max' Kopf gelöscht und er empfand sich nicht mehr als schuldig. Später sprach ich auch mit der Heimleitung und versuchte, die Umstände zu erklären, die zu Max' Krise geführt hatten. Sie müssen verstehen, sagte ich, was Max letztens alles mitgemacht hat. Wir zogen um, Max musste seine Freunde zurücklassen und die vertraute Schule war plötzlich weg. Dann verstarb mein Mann, der für Max der Papa war und zum Schluß war auch noch die Mama weg. Und zu alledem fühlte Max sich noch schuldig an meiner Krankheit. Da war es nur natürlich, dass Max in eine Lebenskrise stürzte, die aber dann ganz einfach zu lösen war, indem man ihm sagte, dass er keine Schuld dran trage. Hinzu kam noch, dass Max gefragt hatte, wie lange er noch in dieser Einrichtung bleiben müsse und man nur mit Ausflüchten reagierte. Es hieß dann von Seiten der Heimleitung, man wisse es noch nicht genau, vielleicht werde er auch in eine andere Einrichtung verlegt. Das hatte ihn unheimlich beschäftigt, da er auch nicht wußte, wie es jetzt weiter geht. Mir kam auch zu Ohren, dass einer der Erzieher, den Max gut kannte, das Heim in Kürze verlassen würde, um in Rente zu gehen. Daraufhin sagte ich zu Max, dass er, Max, so lange in der Einrichtung bleibe, bis er in Rente gehen werde. Max meinte, dass dieser Erzieher jetzt in Rente gehe, dass der aber schon sehr alt sei. Das würde dann aber dauern, bis er selbst in Rente ginge. Ich antwortete, dass es genau so sei und dass er darauf warten müsse. Damit hatte Max begriffen, wie lange er noch in der Einrichtung bleiben muß.

Einmal war ich in das Heim zu Max' Geburtstag eingeladen. Es gab Kuchen und Max feierte mit seiner Gruppe. Was mich jedoch störte war die Tatsache, dass es keine Kerze auf dem Tisch gab. Ich hatte nichts von dem Kuchen gegessen und die anderen Jugendlichen, die mit am Tisch saßen, stocherten eher lustlos im Kuchen herum. Am Ende fehlten drei Kuchenstücke. Normalerweise ist das bei sogenannten gesunden Kindern nicht schlimm, aber wenn ein geistig behindertes Kind eingeladen ist und kein Stück Kuchen bekommt, so tut das ganz schön weh. Dieses Erlebnis veranlaßte mich dann dazu, bei den nächsten Geburtstagen den Kuchen ins Heim mitzubringen.

Als ich Max einmal abends anrief, meinte er zu mir, er habe noch Hunger. Ich schlug ihm vor, er solle sich doch ein paar Äpfel geben lassen, worauf er erwiderte, er dürfe keinen Apfel essen, wegen der Säure. Verstanden hatte ich das, offen gesagt, nicht. Beim nächsten Besuch brachte ich Max deshalb ein paar Äpfel mit. Max freute sich und biß hinein. Andere Kinder, die ebenfalls anwesend waren, fragten ihn, ob sie denn auch einmal in den Apfel beißen dürften. Und so ging das eine ganze Weile, bis Max schließlich sagte, dass er den Rest jetzt alleine esse, da seine Mama ihm den Apfel mitgebracht habe. Verschiedene Male hatte ich Max auch Plätzchen mitgebracht, die er dann immer mit in sein Zimmer nahm.

Einmal, als Max krank war und Brechdurchfall hatte, meinte die Heimleitung, ich solle ihn besser nicht besuchen, da es ansteckend sei. Man werde ihm die Sachen, die ich für ihn dabei hatte, dann später geben und Grüße von mir bestellen. Ich ließ also die Tasche, in der sich sein Kassettenrekorder und eine Tüte Süßigkeiten befanden, an der Pforte. Nachdem ich etwas später wieder mit Max telefoniert und ihn nach den Sachen gefragt hatte, meinte er, dass er die Sachen nicht bekommen habe und auch kein Grußwort ausgerichtet wurde. Ich sagte ihm, dass er sofort zur Heimleitung gehen und dort die Herausgabe der Sachen verlangen solle. Man gab ihm daraufhin auch den Kassettenrekorder, aber die Tüte war weg. Max meldete sich dann wieder bei mir und berichtete mir, was vorgefallen war. Ich sagte, er solle nochmals zur Heimleitung gehen und fragen, wo die Tüte sei. Das tat er dann auch und er berichtet mir kurze Zeit später, man habe ihm gesagt, die Sachen wären in der Schublade. So bekam er nichts davon. Das fand ich schon sehr merkwürdig.

Ich besuche Max auch heute noch regelmäßig in der Einrichtung und wir telefonieren oft miteinander. Ich erhielt dieser Tage einen Brief von seiner neuen Betreuerin, in dem es hieß, dass Max mich sehr vermissen würde. Ich solle sie doch nach ihrem Urlaub anrufen, um einen Besuchstermin zu vereinbaren. Ich werde mich auch mit ihr in Verbindung setzen, allerdings werde ich dann zu den Kindern gehen, wenn ich es möchte und wenn die Kinder nach mir verlangen. Ich kann und will mich nicht nach irgendwelchen fremden Menschen richten. Dieses Recht nehme ich mir jetzt einfach heraus. Ich habe niemanden zu fragen, nur mich selbst. Beim letzten Telefonat meinte man nämlich, dass ich mich mindestens eine Woche vorher anzumelden hätte.

Ich möchte noch ein Wort zu der Einrichtung sagen, in der sich Max derzeit befindet. Es handelt sich um eine anthroposophische Einrichtung und sie gefällt mir insofern, als ich mich mit dem zu

Grunde liegenden Erziehungsauftrag identifizieren kann. Er ist, meiner Meinung nach, zwar nicht passend für sogenannte gesunde Kinder, aber sehr geeignet für geistig behinderte Kinder. Ansonsten würde ich von den Anthroposophen nur die Farbenlehre und die Lehre, wie sie mit den Tieren umgehen, übernehmen. Das finde ich toll. Den Rest würde ich jedoch einschränken.

Annette

Annette war zwei Jahre alt, als sie zu uns kam. Sie war geistig behindert infolge eines Microcephalus und litt an einer Alkoholembryopathie. Ich hatte damals einen Termin mit dem Jugendamt und holte Annette mit dem Zug dort ab. Annettes Eltern waren ebenfalls zu diesem Termin eingeladen worden. Die Mutter kam alkoholisiert an. Wir unterhielten uns dann über die Details der anstehenden Pflegeobhut. Die Mutter war ziemlich aggressiv, was allerdings nicht gegen mich, sondern gegen das Jugendamt gerichtet war, da sie dort anscheinend noch mit jemandem eine Rechnung offen hatte. Nachdem das Gespräch beendet war, wandte sich die Mutter zu mir und sagte: „Ich glaube, Du machst das schon. Ich finde Dich in Ordnung."

Der Vater brachte dann Annettes Koffer zum Bahnhof. Es war Herbst und bereits sehr kalt und Annette hatte nur einen dünnen Pullover an. Ich muss der Mutter jedoch zugute halten, dass sie, obwohl alkoholisiert, Annette noch eine Jacke gekauft hatte. Der Zug kam an und der Vater schaffte es gerade noch, den Koffer ins Abteil zu werfen, worauf dann beim Aufprall beide Schlösser aufgingen und der Inhalt sich auf dem Boden verstreute. Währenddessen stand ich da, Annette auf dem einen und die Winterkleider auf dem anderen Arm. Wir saßen dann im Zug und an der nächsten Station stieg eine ältere Dame zu und setzte sich zu uns ins Abteil. Als sie Annette sah, sagte sie: „Bist Du aber ein süßes Mädchen." Annette schaute sie mit großen Augen an und platzte heraus: „Arsch." Aber immerhin, wenn es auch nur das einzige Wort war, das sie zum damaligen Zeitpunkt sagen konnte. Wie sich später herausgestellt hatte, benutzte die Mutter dieses Wort des Öfteren, wenn sie sich mit dem Vater stritt und Annette hatte es dann irgendwann einmal aufgeschnappt.

Von Annettes Vater war zu erfahren, dass er Annette in den Arbeitspausen versorgt hatte, bis es ihm zu viel wurde. Eines Tages rief er dann die Polizei, die Annette daraufhin mitnahm. Die Mutter suchte sie am anderen Tag in der ganzen Wohnung, nachdem sie zwischenzeitlich ihren Rausch ausgeschlafen hatte.

Als Annette neu bei uns war, verweigerte sie über einen Zeitraum von fast vier Monaten Essen und Trinken. Sie wollte nichts zu sich nehmen und alles schien ihr egal. Danach fing es langsam an, besser zu werden. Nach dem zweiten Monat legte ich Annette mitten auf den Esszimmertisch, platzierte die anderen um den Tisch herum und ermunterte sie so zum Essen. Auch die Kinder versuchten, sie zu ermuntern. Und so kam sie langsam aber sicher auf den Geschmack.

Annettes Mutter kam vom Alkohol nicht los. Sie hatte bereits mehrere Entziehungskuren hinter sich, zu denen sie Annette teilweise mitgenommen hatte. Annette war auch vorübergehend in verschiedenen Pflegestellen und Heimen untergebracht worden. Später erfuhr ich, dass die Krankenkasse sich nach der fünften Entziehungskur geweigert hatte, weiterhin die Kosten für die Kuren zu übernehmen. Danach musste die Mutter alleine klar kommen. Mein Mann hatte das damals alles verfolgt und zu mir gesagt: „Stell Dir vor: Ein zweijähriges Kind und Du bist der sechste Platz." Das erklärte auch die Tatsache, dass Annette irgendwann einmal nicht mehr wollte. Sie wollte nicht mehr essen, sie wollte einfach gar nichts mehr. Ein Wunder, dass das Kind dies nach quasi fünf Entwurzelungen überhaupt ausgehalten hatte.

Die Mutter war insgesamt nur zwei Mal bei uns zu Hause. Sie kam dabei jedes Mal mit dem Zug. Beim ersten Besuch wollte sie wissen, wo Annette untergebracht war und sie war, nachdem sie alles gesehen hatte, auch damit einverstanden. Später kam sie noch ein zweites Mal zu uns und ließ dabei verlauten, dass sie nicht andauernd kommen könne. Das sei jedes Mal ein unnötiger Aufwand für sie, zumal sie ja auch mit mir und meiner Arbeit mit Annette einverstanden sei; ich würde das schon richtig machen. Danach hatte ich eine Weile nichts mehr von ihr gehört. Das Jugendamt meldete sich dann später bei mir und sagte, man hätte die Mutter aufgefordert, das Geld für die Fahrkarte abzuholen, was sie jedoch nicht immer, sondern nur ab und zu gemacht hätte. Die Mutter rief mich kurz darauf an und sagte, sie hätte keine Fahrkarte gekauft, sondern das Geld für Essen ausgegeben. Ich wusste natürlich, dass sie sich Alkohol davon gekauft hatte. Das Jugendamt stellte dann später die Zahlungen für die Fahrkarte ein, aber ich äußerte mich nicht dazu.

Annettes Mutter rief irgendwann wieder bei uns an und fragte meinen Mann, ob er ihr 200 DM schicken könne. Sie brauche dieses Geld dringend für Alkohol. Ich fand die Ehrlichkeit, mit der sie uns bat, frappierend. Sie meinte dann, sie würde in einer Stunde nochmals anrufen. Ich sagte daraufhin zu meinem Mann: „Sag Ihr, wir schicken ihr 100 DM. Das reicht allemal dafür." Er sollte ihr auch ausrichten, dass sie sich, wie zuvor besprochen, nicht mehr in die Erziehung von Annette einmische. Sie akzeptierte und wir überwiesen ihr die 100 DM. Kurz danach rief sie erneut an und sagte, sie werde sich an die Abmachung halten und aus der Erziehung aussteigen. Danach hörte ich, zumindest was Annette betraf, sechzehn Jahre lang nichts mehr von der Mutter.

Später, als Annette bereits bei uns war, meldete sich die Mutter nach wie vor bei mir. In diesen Telefongesprächen ging es dann jedoch letztendlich nur noch um sie, die Mutter. Sie musste einfach ihre Probleme bei mir abladen und erzählte so viel von sich, dass ich mir manchmal fast schon wie eine Therapeutin vorkam. So erfuhr ich des Öfteren Details über die Auseinandersetzungen, die sie mit ihrem Mann hatte. Einmal berichtete sie mir, dass sie sich wieder ziemlich heftig mit ihm gestritten habe. Sie fragte mich, ob ich mir vorstellen könne, was für ein Idiot ihr Mann sei. Sie habe nach Kaffee verlangt, weil sie an diesem Tag nichts trinken wollte, und er habe stattdessen Bier in die Kaffeemaschine geschüttet. Das sei vielleicht eine Brühe gewesen. Irgendwann, sagte sie, sei ihr das dann zuviel gewesen. Dann habe er angefangen zu schimpfen, worauf sie die Arzneimittelflasche genommen und ihm an den Kopf geworfen habe. Er habe eine Platzwunde über dem Auge gehabt, die dann genäht worden sei. Als er danach nach Hause gekommen sei, habe er ihr die Hand gebrochen. Gute Vorsätze hatte die Mutter wohl immer wieder, aber anscheinend war das Fleisch zu schwach. Letztes Jahr an Weihnachten rief sie bei uns an und sprach mit Annette. Ich hörte, wie Annette sagte: „Hallo, es ist schön, dass Du anrufst, aber ich will es nicht. Nein danke." Danach warf sie den Hörer weg. Ich weiß nicht, was Annette sich dabei dachte. Einmal rief die Mutter mich an und sagte mir, sie habe Annettes Vater erzählt, wie gut Annette sich bei uns entwickelt habe. Sie könne jetzt schon bis zehn zählen. Daraufhin soll der Vater entgegnet haben: „Bis zehn? Dann sind die asozial, dann hol' ich Annette da raus." Er kam aber nie.

Nachdem Annette also bei uns war, setzten alle Förderungen ein und wir kümmerten uns intensiv um sie. Annette lernte laufen, sprechen, wurde sauber und machte überhaupt sehr gute Fortschritte.

Ab und zu gingen Annette und ich in den Keller, um Lebensmittel zu holen. Ich hatte ein kleines Eimerchen und sagte ihr, sie solle darin die Kartoffeln nach oben tragen. Nein, sagte sie, sie wolle keine Kartoffeln essen. Daraufhin fragte ich: „Was soll es denn geben? Etwa Nudeln? Dann musst Du die aber die Nudeln tragen." Nein, entgegnete sie erneut, Nudeln wolle sie auch nicht. So ging es eine Weile, bis sie schließlich meinte, dass sie am liebsten Reis esse. Und mit einem Mal wusste ich auch warum, denn der Reis befand er sich oben im Küchenschrank. Nachts hatte Annette des Öfteren Gelüste. Dann wollte sie Erdbeeren oder Weintrauben oder sonstige Leckereien. Ich hatte mir daraufhin angewöhnt, diese Sachen im Keller auf kleine, niedrige Regale oder auf den Boden zu stellen. Wir hatten über einen Bewegungsmelder automatisch Licht im Keller, so dass sie dann alleine in den Keller konnte, um sich etwas zu holen, ohne mich dabei zu wecken. Am nächsten Morgen sah ich dann an den Resten, die auf dem Tisch verstreut waren, dass Annette wieder einmal im Keller gewesen war. Annette hatte auch gelernt, in Maßen zu essen und sie war nicht unverschämt. Ich hatte in der Küche eine große runde Dose mit Gummibärchen stehen und sie kam jeden Tag und fragte, ob sie sich ein paar davon nehmen dürfe. Dann nahm sie sich wirklich nur drei oder vier Bärchen und verschloss danach die Dose wieder.

Als ich zum ersten Mal in meinem Leben im Urlaub war, hatte Annette gerade in dieser Zeit Geburtstag. Eine befreundete Kinderärztin vertrat mich und kümmerte sich sehr gut um die Kinder. Vom Urlaub zurück, musste ich mir von Annette anhören, dass ich an ihrem Geburtstag nicht anwesend war. Sie sei sehr traurig gewesen, meinte sie und man müsse ihren Geburtstag auf jeden Fall nachholen. Ich hatte dann, zusammen mit den anderen Kindern, den verpassten Geburtstag drei Mal innerhalb der kommenden sechs Monate gefeiert, bis Annette dies endgültig verarbeitet hatte.

Als Annette in die Körper- und Geistigbehindertenschule kam, gab es des Öfteren Probleme und auch ich hatte so meine Schwierigkeiten mit der Schulleitung. Annette war in eine andere Klasse versetzt worden und kam eines Tages total verklebt nach Hause. Das schöne Sweatshirt war voll mit Klebstoff. Ich rief ihre Lehrerin an und sagte ihr, dass Annette für diese Zwecke extra einen Kittel mithabe. Den könne man ihr doch wohl anziehen und es sei ja nicht nötig, ein neues Sweatshirt so zu verunstalten. Die Lehrerin beachtete dies jedoch nicht, aus welchem Grund auch immer, und von da an hatten wir ständig Ärger. Einmal kam Annette nach Hause und sagte, die Brigitte habe ihr die Brille kaputt gemacht. Nachher wurde sie deswegen von der Lehrerin sogar noch als Lügnerin hingestellt. Ich ging der Sache nach und sagte der Schulleitung, dass ich die Polizei einschalten würde, wenn die Sache nicht sofort geklärt würde. Annette würde sehr schnell vergessen, sagte ich, und ich würde sie noch heute von der Polizei vernehmen lassen, um herauszufinden, wer hier die Wahrheit sage. Die Schulleitung gab letztendlich nach und ersetzte die Brille, allerdings mit allerlei Ausflüchten. Annette, so hieß es unter anderem, wäre bis zum Bus begleitet worden und es müsse im Bus passiert sein.

Im Winter bekam Annette neue Stiefel von mir. Als sie am ersten Tag mit den neuen Stiefeln von der Schule nach Hause kam, meinte sie, sie habe sie der Lehrerin gezeigt. Sie war ganz stolz und immer, wenn sie etwas Neues zum Anziehen hatte, musste sie das abends auch ins Bett mitnehmen. So ging sie auch mit den neuen Stiefeln ins Bett. Das war jedoch nur vorübergehend, bis es ausgelebt war, dann ließ sie es wieder sein. Als ich ihr an diesem Tag die neuen Stiefel auszog, hatte sie blaue Flecken an den Beinen. Man hatte ihr auf die Füße getreten und auch die Zehen waren blau. Ich konnte das nicht verstehen und kann es auch heute noch nicht. Als ich sie fragte, wie denn das geschehen sei, antwortete sie, ein Junge habe ihr das ganze Gesicht und den Nacken verkratzt, ein Mädchen habe sie gehauen und so weiter. Annette kam von der Schule jedes Mal völlig geschafft nach Hause und musste sich danach erst einmal erholen.

Später hatte ich mit einer Lehrerin Ärger, die Annette, welche sehr gern ritt und Pferde innig liebte, einreden wollte, dass man vor Pferden Angst haben müsse, da diese treten und beißen würden. Warum sie das getan hatte, blieb mir ein Rätsel. Ich hatte jedenfalls hinterher die allergrößte Mühe, Annette wieder an die Pferde zu gewöhnen.

Ein weiteres Mosaiksteinchen in der Reihe dieser Vorfälle war der Schwimmunterricht. Es hieß, die Kinder würden ins Schwimmbad gehen und Annette dürfe nicht am Schwimmunterricht teilnehmen, da sie Durchfall habe. Ich sah nach und Annette hatte keinen Durchfall. Sie war nur nicht gewaschen worden. Daraufhin rief ich in der Schule an und sagte, dass Annette sehr wohl am nächsten Tag mit zum Schwimmen gehen werde. Die Lehrerin wiegelte jedoch ab, meinte, dass Annette nur zusehen dürfe und sie habe es ihr auch bereits gesagt. Ich war außer mir und entgegnete, dass komme überhaupt nicht in Frage. Sie wissen überhaupt nicht, argumentierte ich gegenüber der Lehrerin, was sie dem Kind damit antun. Annette habe keinen Durchfall. Morgen, so sagte ich der Lehrerin, gebe ich ihr die Badesachen mit. Gleichzeitig forderte ich sie auf, Annette zu sagen, sie solle nicht in die Hose machen, da sonst alles in das Wasser gehe und es schmutzig mache. Sonst bräuchte sie nichts weiter zu sagen. Die Lehrerin gab dann letztendlich nach und Annette durfte am Schwimmunterricht teilnehmen. Sie kam danach nach Hause und berichtete ganz stolz, dass sie am Schwimmunterricht teilgenommen habe.

Einmal wurde mir mitgeteilt, dass Annette in der Schule das Essenstablett auf den Boden geworfen und volle Gläser um sich geschleudert habe. Ich fragte sie, warum sie das getan habe und sie antwortete nur: „Schmeckt nicht."

Ein Lehrer, mit dem ich vorher Kontakt hatte und den ich als sehr gute pädagogische Kraft empfand, eröffnete mir, dass er vorzeitig in Rente gehen werde, da er es nicht mehr ertragen könne, was an dieser Schule vor sich gehe. Er wäre der einzige gewesen, der etwas für die Kinder habe erreichen wollen. Er habe in der letzten Schulversammlung mit der Schulleitung diskutiert und Vorschläge gemacht, aber niemand, außer ihm, habe etwas gesagt. Die Konsequenz aus diesen Vorschlägen sei nun, dass man ihn in seiner

Arbeit mit den Kindern beschnitten habe und das könne er nicht mehr vertreten.

Mit dem Schulleiter hatte ich mehrmals Ärger. Ich hatte ihn damals gebeten, er möge doch bitte überall sagen, dass Annette nicht geärgert werden dürfe, da sie ansonsten in die Hosen mache. Wenn man sie jedoch nicht ärgere, dann passiere auch nichts. In einem späteren Telefongespräch meinte er zu mir, er als Schulleiter wäre damals von Lehrkraft zu Lehrkraft gegangen und habe allen das mitgeteilt, was ich wollte, gerade so, als ob ich ihn damit praktisch erniedrigt hätte. In einem späteren Gespräch ging es dann auch noch um die Lehrerin, die Annette damals nicht am Schwimmunterricht hatte teilnehmen lassen wollen. Mit dieser Lehrerin hatte ich auch deshalb Ärger, da sie sich geweigert hatte, Annette vorne und hinten abzuwaschen, was aber absolut erforderlich war, da sie sich in diesem Bereich nicht sauber hielt. Sie wisse nicht, gab mir die Lehrerin zu verstehen, wie sie das machen solle. Ich erklärte es ihr, aber sie wollte oder konnte es nach wie vor nicht. Bei all dem, was diese Lehrerin noch so alles in der Schule veranstaltete, platzte mir dann auch irgendwann einmal der Kragen und ich sagte zu ihr: „Wenn Sie das so machen, dann sind Sie für mich ein pädagogisches Trampeltier." Was den Schulleiter natürlich sofort veranlasste, bei mir anzurufen. Er mache das nicht mehr mit, meinte er, sich und seine Lehrkräfte so beschimpfen zu lassen. Begriffen hatte er leider nicht, was ich damit meinte. In diesem Zusammenhang eröffnete er mir, dass er ebenfalls ein Pflegekind habe und sieben Monate kein Geld vom Jugendamt bekommen habe. Daraufhin habe er den Koffer gepackt, das Kind geschnappt und sei zum Jugendamt gefahren. Dort habe er gesagt, wenn man ihm jetzt keinen Scheck gebe, dann passiere etwas. Er hätte, so meinte er, sich durchgesetzt und dann das Geld bekommen. Ich war jedoch anderer Meinung und entgegnete ihm, ich hätte mich ebenfalls durchgesetzt, allerdings hätte ich noch nie meine Kinder dafür benutzt und werde es auch in Zukunft nie tun. Ich würde, so sagte ich ihm, mich selbst in die Bresche werfen. Ich würde zu den Ämtern gehen, meine Forderungen stellen, auch schriftlich und mit Nachdruck und würde mich an die Gesetze halten. Aber ich nähme nie meine Kinder zum Vorwand, um mit ihnen etwas zu erreichen. Das war wohl auch der Grund, warum der Schulleiter und ich nicht auf der gleichen Wellenlänge lagen, obwohl ich Verschiedenes, was er dort machte, gut fand.

Ein weiterer Grund für meinen Ärger über die Schule waren die Erzieher. Wenn der Schulleiter nicht anwesend war, versuchten diese, sich auf jede nur denkbare Art zu entlasten. So bekam ich eines Tages einen Anruf. Es hieß, Annette habe Läuse und sie werde nach Hause geschickt. Zufällig war an diesem Tag die Ärztin bei uns im Haus und sie untersuchte Annette sofort. Nachdem sie keine Läuse fand, stellte sie eine Bescheinigung aus und ich schickte Annette am nächsten Tag wieder in die Schule. Und prompt erfolgte der nächste Anruf. Eine Kollegin, so sagte man mir, habe mit der Lupe nachgesehen und Annette habe doch Läuse. Ich fragte, was ich nun tun solle und man schlug mir vor, Annette abzuholen. Das mache ich nicht, entgegnete ich. Daraufhin sagte man mir, man bringe sie nach Hause. Sie wurde also gebracht. Ich rief die Ärztin an, die sie erneut untersuchte und wieder stellte sie keine Läuse fest. Sie stellte erneut eine Bescheinigung aus und ich schickte Annette am darauf folgenden Tag wieder in die Schule. Es kam, wie es kommen musste, leider. Ein erneuter Anruf aus der Schule erfolgte. Man sagte mir, die Kollegin habe jetzt nochmals ganz genau mit der Lupe geprüft und Annette habe zwei Nissen. Sie wurde dann nachmittags mit dem Schulbus nach Hause gebracht. Die Bustür öffnete sich und ein großer Junge sagte laut: „Pfui, die Annette muss zu Hause bleiben, die hat Läuse." Ich meinte zu ihm: „Mein lieber Freund, das muss erst der Arzt feststellen." Ich ging mit Annette zum Gesundheitsamt. Dort bescheinigte man mir, dass sie keine Nissen hatte und am nächsten Tag ging Annette wieder in die Schule. Telefonisch empfahl ich der Erzieherin, sich eine Brille anzuschaffen, da eine Lupe scheinbar nicht ausreiche.

Ein anderes Mal stand Annette mit eingenässter Hose im Winter auf dem zugigen Hof der Schule und niemand kümmerte sich um sie. Auch der Busfahrer ließ sie des Öfteren einfach stehen und nahm sie nicht mit. Einmal war Annette im Winter in den Bach gefallen und obwohl Wechselwäsche in der Schule vorhanden war, hatte es keiner der Erzieher für nötig empfunden, sie umzuziehen. Sie kam so nass, wie sie war, nach Hause, worauf sie prompt krank wurde.

Nach all diesen Vorfällen kam es zu weiteren Sanktionen seitens der Schule, wie ich es nenne, auch gegen das Kind. Dagegen hatte ich mich jedoch massiv zur Wehr gesetzt. Nach den Ferien sprach ich mit dem Schulleiter und bat ihn um eine andere Lehrerin für Annette. Er erwiderte, dass dies nicht ginge, da es in seinem Plan nicht vorgesehen sei. Annette würde in diesem Fall zu noch größeren Kinder in die Klasse kommen und das wäre nicht gut für sie, da sie dort eventuell noch mehr zu leiden hätte. Und zu den kleineren Kindern könne er sie nicht geben, da sie hierfür schon zu groß sei. So kamen der Schulleiter und ich leider nicht miteinander klar. Ich war der Meinung, dass Annette in der Zwischenzeit genug hatte aushalten müssen und ich wollte und konnte ihr in dieser Hinsicht nicht noch mehr zumuten. Stellvertretend hierfür sei auch ein Vorfall genannt, der mich sehr beschäftigte.

Bevor Annettes Lehrerin die Schule verließ, kam Annette nach Hause und jammerte: „Popo weh". Ich sah nach und stellte fest, dass sie im Intimbereich ganz wund war. Ich wunderte mich, da ich am Morgen nichts dergleichen bei ihr festgestellt hatte. Ich rief sofort in der Schule an und hatte zuerst im Kopf, dass vielleicht nur Annettes Hose nass war und sich dadurch wund gelaufen hatte. Die stellvertretende Schulleiterin klang relativ entsetzt und sagte mir, es hätte in der Gruppe einen weit entwickelten Jungen gegeben, den man allerdings bereits aus derselben entfernt habe. Ich bekam einen leichten Schreck und dachte: „Was mache ich jetzt?" Dann rief ich die Ärztin an und fragte, ob ich mit Annette zur Untersuchung in die Klinik gehen solle. Sie meinte jedoch, dass das nichts ändere und riet mir aus psychologischen Gründen davon ab. Ich solle Annette ein paar Schmerzmittel geben und danach abwarten, bis sie ihre Tage bekomme. Und ausgerechnet in diesem Monat war Annette sechs Tage über der Zeit. Das waren sechs sehr heiße Tage für mich. Ich hatte mich zwischenzeitlich bereits leise erkundigt, wo man einen Abbruch vornehmen könne und ob man sie danach sterilisieren könne. In Deutschland war das jedoch nicht möglich. Wie man mir damals sagte, wäre Annette allerlei gefragt worden, unter anderem auch, ob sie ein Baby haben wolle und ich bin mir sicher, dass sie „Ja" gesagt hätte. Und schon wäre es mit der Sterilisation vorbei gewesen. Es gab danach heiße Auseinandersetzungen mit der stellvertretenden Schulleiterin und ich vereinbarte mit ihr, dass ich Annette zunächst eine Woche zu Hause behalte. Ich unternahm viel mit ihr, ging mit ihr Eis essen, war mit ihr im Tierpark, denn sie sollte dieses schreckliche Erlebnis vergessen. Zum Glück vergaß Annette schnell. Nach einer Woche daheim ging es ihr wieder besser. Die Lehrerin erklärte mir kurze Zeit später in einem Gespräch, Annette habe den Jungen sehr gemocht und ihn sogar als Klassensprecher gewählt.

Eines Abends hatte ich ein schlimmes Erlebnis mit Annette. Als ich sie zu Bett gebracht und ihr eine Geschichte erzählt hatte, wollte Annette plötzlich wieder nichts wissen. Ich erinnerte mich zurück an die Zeit, als sie damals von uns gehen wollte. Ich hatte sie nach der Geschichte in den Arm genommen und wollte noch mit ihr schmusen. Dabei hatte sie mich weggedrückt und den Kopf auf die Seite gelegt. Da merkte ich, dass etwas nicht stimmte. Ab da verweigerte Annette auch wieder das Essen. Am anderen Morgen wollte sie auf keinen Fall in die Schule. Sie meinte, sie sei krank und hätte Schmerzen an Hals und Fuß. Daraufhin behielt ich sie ein paar Tage zu Hause.

Es gab an der Schule einen Lehrer, zum dem Annette gerne in den Unterricht ging. Ich konnte Annette an einem Morgen schließlich dazu überreden, in die Schule zu gehen, indem ich ihr sagte, dass der Lehrer, den sie so mochte, heute anwesend sei. Als Annette mittags nach Hause kam, war sie total enttäuscht. Sie hatte nicht am Unterricht dieses Lehrers teilnehmen dürfen. Der Anblick, den sie mir dabei bot, entsetzte mich. Ich fragte sie, was passiert sei und sie meinte, dass man sie in der Schule erneut gekratzt, gehauen und an den Haaren gezogen habe. Die neue Hose, die ich ihr angezogen hatte, war zerrissen und am Rollkragenpullover hatte man den Kragen komplett abgerissen.

Nach all diesen schrecklichen Vorfällen, die nicht abzureißen schienen, war meine Geduld sprichwörtlich am Ende und ich machte der Schule Druck. Ich drohte, mit Annette zur Polizei zu gehen, falls noch einmal etwas in dieser Art vorfiele. Annette hatte mir zu verstehen gegeben, dass sie nicht mehr in die Schule wollte, aber sie musste ja, da sie schulpflichtig war. Ich behielt Annette danach des Öfteren zu Hause, teilweise mit der Schulleitung abgesprochen, damit sie sich wieder erholen konnte. Ein paar Mal blieb Annette auch wegen Krankheit der Schule fern.

Ein anderes Mal kam ich durch Zufall zur Tankstelle und sah Annette mutterseelenallein dort stehen. Ich fragte, was sie hier mache und sie antwortete, der Zivildienstleistende sei nicht da, der komme später. Ich sagte daraufhin dem Chef der Tankstelle, dass ich Annette mitnähme, wenn der Zivi nicht in fünf Minuten wieder zurück sei. Er kam dann rechtzeitig zurück und sagte, er habe den Auftrag bekommen, Annette durch die Gegend zu fahren, wisse aber nicht, warum. Ich rief umgehend den Schulleiter an und fragte ihn, warum Annette in Einzelhaft sei. Und ich gab ihm klar zu verstehen, dass ich damit überhaupt nicht einverstanden sei. So gab ein Wort das andere. Ständig hatte ich das Gefühl, dass man in der Schule nur darüber nachdachte, was man noch alles mit Annette anstellen könnte. Ich habe bis heute nicht begriffen, warum das so war. Eines verstand ich jedoch: Je mehr Druck man macht, desto mehr Gegendruck erzeugt man. So war das wohl auch bei mir. Aber ich konnte doch nicht alles durchgehen lassen, bei allem die Augen verschließen. Und ich wollte der Schulleitung ja nicht nur sagen, was sie schlecht machte, sondern ich wollte, dass diese ganzen Vorfälle ein Ende haben und dass endlich einmal etwas Vernünftiges passierte. Ich hätte es gut gefunden, wenn ich einmal hätte anrufen können, um sagen zu können: „Heute war ein schöner Tag. Ihr habt dies und das mit Annette gemacht. Das finde ich toll." Das passierte leider nie in all den Jahren.

Bis heute frage ich mich, warum man von Seiten der Schulleitung nicht mit den Eltern zusammenarbeitet, zum Wohle der Kinder. Denn das wäre doch die eleganteste Form und gleichzeitig das Beste für alle Kinder. Aber man will anscheinend nicht oder kann nicht.

Eines Tages meldete sich die Ärztin bei mir und sagte, der Schulleiter habe sie angerufen und eine Bescheinigung verlangt. Selbstverständlich wurde ich dabei übergangen. Letztendlich habe ich Annette dann von der Schule genommen.

Zu Hause kam Annette wieder in ihren alten Rhythmus – sie kann sich so schön und intensiv freuen und ihre Begeisterung zeigen.

Achim

Achim war eineinhalb Jahre alt, als er zu uns in die Familie kam. Ich wurde damals von einer Sozialarbeiterin auf ihn aufmerksam gemacht und es hieß, er würde nicht sehr lange leben. Ihr tat es leid, Achim in einer Einrichtung dahinvegetieren zu sehen und sie meinte, er wäre viel besser in einer Pflegefamilie aufgehoben, auch wenn er seine Umgebung augenscheinlich nicht wahrnähme.

Ich ernährte Achim mit der Flasche. Der Saugreflex war zwar nicht sehr stark ausgeprägt, aber in eineinhalb Stunden war die Flasche leergetrunken. Am Anfang war es nicht so schlimm, oder aber ich empfand es als nicht so schlimm, aber mit der Zeit war die Belastung für mich sehr groß. Ich mußte immer mit einem Spiegel zu Achim rennen, ihm diesen vor den Mund halten und schauen, ob er beschlägt. Nur daran konnte ich dann erkennen, ob er noch lebte oder nicht. Es war irgendwo nicht möglich, ihm auf den Brustkorb zu schauen, um zu sehen, ob er atmete, da er eine ganz flache Atmung hatte. Man konnte nichts sehen, man konnte auch kein Herz klopfen hören. Es ging also tatsächlich nur mit Hilfe des Spiegels.

Achims Zustand konnte man eigentlich nur als „sauber und satt" bezeichnen. Mehr war in seinem Fall nicht zu machen. Die Ärzte hatten mir nie eine richtige Auskunft über seine Behinderung geben können. Es hieß damals nur, dass bei der Geburt ein schwerer Sauerstoffmangel vorgelegen habe. Es war nicht möglich, ihn in irgendeiner Form dahingehend zu fördern, dass er sich hätte aufrichten können oder dass er sich hätte artikulieren können. Ich kam, trotz all meiner Bemühungen, einfach nicht an das Kind heran, konnte mich ihm nicht nähern. Er war irgendwo so weit weg, dass nichts zu machen war. Er hatte keine Mimik, zeigte keine Regung. Die Ärzte sagten mir, ich müsse mir das so vorstellen, als wenn es eine „lebendige Leiche" wäre. Ich hatte immer wieder versucht, Achim zu streicheln und nahm ihn in den Arm, aber ich weiß nicht, ob er es je gespürt hat. Er hatte die Augen ständig geschlossen, bei Tag und bei Nacht. Im Bett lag er mit geöffneten Armen und man hatte den Eindruck, als schliefe er tief und fest.

Nach ungefähr vier Jahren Pflegeobhut und der ständigen Sorge, ob Achim noch atmete oder nicht, kam er zunächst in die Klinik und von dort aus wieder kurzzeitig zu mir. Danach musste er erneut in die Klinik, wo man ihn ein paar Tage für eine Kontrolluntersuchung behalten wollte. Später rief man mich aus der Klinik an und teilte mir mit, dass es Achim nicht gut gehe. Ich eilte zu ihm. Er verstarb in meinen Armen. Das sechste Lebensjahr hatte er nicht erreicht.

Achim wurde dann beerdigt. Ich war mit dem Pfarrer alleine an seinem Grab. Seine Eltern habe ich nie kennengelernt.

Florian

Florian kam aus der Psychiatrie im Alter von acht Jahren zu uns, nachdem er als Vierjähriger bereits alle Erziehungsheime, Kinderheime und sämtliche sonstigen Einrichtungen in seiner Heimatstadt und Umgebung durchlaufen hatte. Er war ein Einzelkind und war infolge erheblicher Entwicklungsverzögerungen geistig behindert. Florian war das einzige Kind, das ich, nachdem man mir seine Geschichte erzählt hatte, für vierzehn Tage zur Probe aufgenommen hatte. Von Seiten des Jugendamts hieß es damals noch, ich könne ihn, wenn ich nicht mit ihm zurecht käme, wieder zurückgeben.

Seine Mutter war von Beruf Krankenschwester, ihre Schwester Ärztin. Florians Mutter hatte, als ich sie damals kennenlernte, behauptet, sie sei schon immer das schwarze Schaf in der Familie gewesen. Sie hatte Florian bald nach der Geburt zu den Großeltern gegeben, bei denen er dann aufwuchs und die ihn versorgten. Seine Großmutter kümmerte sich rund um die Uhr um ihn, wusch und fütterte ihn. Als er zu uns nach Hause kam, konnte er gar nichts, weder sich waschen, noch sich anziehen. Er war ein völlig hilfloses Kind. Florian war sehr laut, warf sich andauernd auf den Boden und wollte sich immer in den Vordergrund drängen. Er fiel jeder Frau, der er begegnete, um den Hals. Dabei gab es oft auch wüste Szenen. Um der Großmutter ab und zu ein paar Stunden Ruhe zu verschaffen, nahm der Großvater ihn und fuhr mit ihm im Bus stundenlang und wahllos durch die ganze Stadt. Wenn die beiden an einem Café vorbeikamen, wollte Florian immer etwas zu essen haben. Wenn der Großvater ablehnte, warf Florian sich auf den Boden, schrie laut und wollte seinen Willen durchsetzen, was ihm auch immer gelang. Er bekam sein Brötchen oder sein Stück Kuchen. Das wiederholte sich an mehreren Stationen, bis die

Zeit um war, in der sich die Großmutter erholen konnte. Danach fuhren beide wieder heim.

Der Kontakt zu Florians Großvater wurde damals über einen Pflegeverband hergestellt. Von Seiten des Verbandes hieß es, man habe da ein Kind, das niemand haben wolle. Der zuständige Sozialarbeiter sagte, dass er nach zwei Stunden mit Florian den Saal verlassen habe, da er ihn aufgrund seines Verhaltens nicht mehr ertragen konnte. Florians Großvater hatte ich als einen sehr dominanten Menschen kennengelernt. Als er Florian zum ersten Mal zu uns brachte, um ihn uns vorzustellen, gab er gleich zu verstehen, dass er bei uns übernachten wolle. Mir gefiel jedoch der Ton, in dem er dies von sich gab, überhaupt nicht und ich erwiderte, dass das hier kein Hotel sei. Er erwiderte nur, dass wir uns schon noch einigen würden, ging dann aber abends mit Florian in eine nahegelegene Pension, um dort zu übernachten. Wie sich im Nachhinein herausstellte, war der Großvater mit dem Eigentümer der Pension verwandt. Dieser rief mich am nächsten Tag an und fragte mich, wie lange die beiden zu bleiben gedächten. Er wäre froh, wenn beide wieder gingen, da der Großvater sich nicht nur über Jahrzehnte hinweg nicht gemeldet hätte, sondern nun plötzlich auch noch mit einer nie gesehenen Dreistigkeit Forderungen aufgrund der Verwandtschaft zu ihm stellen würde.

Florian blieb dann also bei uns. Die Schreitouren und das sich auf den Boden werfen hörten nach ungefähr zwei bis drei Wochen auf. Wenn wir zuvor beim Einkaufen an einer Bäckerei vorbeikamen und Florian meinte, er müsse sich auf den Boden werfen, um seinen Forderungen Nachdruck zu verleihen, gab ich ihm klar zu verstehen, dass es erst auf dem Rückweg, wenn alle Einkäufe getätigt waren, Kuchen, Saft oder Kakao für alle gab. Zwischendurch gäbe es nichts und das Hinwerfen würde ich erst recht nicht dulden. Als er sich trotzdem hin-warf, ließ ich ihn liegen und sagte, er müsse dann eben zusehen, wie er alleine nach Hause komme. Nachdem wir ungefähr zwanzig Meter von ihm entfernt waren, sprang Florian plötzlich auf und rannte hinter uns her. Ich ermahnte ihn daraufhin und sagte ihm, wenn er dies noch einmal mache, dürfe er nur zusehen, wenn ich mit den anderen Kindern ins Café ginge. Es gehe nicht an, dass ein Kind etwas für sich allein fordere, die anderen jedoch nichts haben und sich alles nur nach diesem einen Kind richten müsse. Das sah er mit der Zeit auch ein und dann gab sich das mit dem Schreien von ganz alleine. Florian hatte auch gelernt, sich zu integrieren und sich anzupassen. Er merkte, dass um ihn herum noch andere Kinder waren und dass er nicht alles nur für sich alleine beanspruchen konnte. Wenn ein Päckchen kam, so wurde das von allen Kindern gemeinsam ausgepackt und es gab für jeden etwas. So lernte Florian viel über das Familienleben und er wurde ganz ruhig und sanft. Er fuhr Fahrrad, lernte kreativ spielen, interessierte sich für Essen. Einmal ging Florian zu den Nachbarn im Nebenhaus und schaute dort durchs Fenster. Dabei sprach er laut vor sich hin: „Oh, hier gibt es ja Eier und Brot. Habt Ihr auch Schinken?" und er war ganz begeistert. Als er am nächsten Tag wieder vom Nachbarhaus zurückkam, sagte er mit trauriger Miene, dass man die Rolläden dort plötzlich geschlossen hätte. Wir bekamen auch Besuch vom Pflege- und Adoptivelternverband und man war sehr erstaunt, wie ruhig und gelassen Florian im Verhältnis zu früher war. Und wir erreichten diese Fortschritte ohne jegliche Verabreichung von Medikamenten.

Morgens stand Florian mit weit ausgebreiteten Armen im Zimmer und gab mir zu verstehen, dass er angezogen werden wollte. Ich sagte ihm, dass wir das in Zukunft üben würden. Ich brachte ihm auch bei, sich mit dem Waschlappen zu waschen. Zu Beginn wusch er sich immer nur das rechte Knie, aber mit der Zeit lernte er, sich alleine zu waschen. Ich freute mich über seine allmählichen Fortschritte, machte ihm ständig Mut und lobte ihn über alle Maßen. Nach ungefähr einem halben Jahr rief mich der Großvater an und meinte, er würde Florian gerne in den Ferien bei uns besuchen.

Er wolle mit ihm kleinere Radtouren unternehmen und in dieser Zeit auch bei uns wohnen. Das Abendessen wolle er aber später und alleine mit Florian einnehmen. Ich entgegnete, dass das so nicht gehe, dass er sich schon an unsere Spielregeln halten müsse. Daraufhin meinte er, dass er Florian dann lieber zu sich nach Hause holen wolle.

Jedes Mal, wenn Florian von diesen sogenannten Ferien bei den Großeltern wieder zu uns zurückkam, hatte er sich komische Ausdrücke wie „Oma lieb, Opa lieb, Mama böse, Papa böse" angewöhnt. Ich fragte ihn dann immer, warum er dies sage. Daraufhin stellte er sich vor mich hin und sagte: „Zieh mich an." Ich entgegnete: „Nein, das mache ich nicht, Du kannst das selbst", worauf er erwiderte: „Aber Oma macht das, Oma ist lieb." Ich meinte zu ihm, dass er auch lieb sei und dass er sich auch selbst anziehen könne. Florian mußte sich bei uns immer alleine an- und ausziehen, denn ich wollte ihm auch zu mehr Selbstständigkeit verhelfen, zumal er das sehr gut ohne fremde Hilfe konnte. Er hatte auch gelernt, alleine zu essen.

Florian war über sechs Jahre bei uns. Zwischendurch mußte ich seinen Großvater des Öfteren zur Raison bringen. Dieser legte ein derart dominantes Wesen und Auftreten an den Tag, dass es schon beinahe an Unverschämtheit grenzte und das konnte und wollte ich so nicht akzeptieren. Er rief mich eines Tages an, sagte, er sei jetzt am Bahnhof und ich solle ihn doch gefälligst dort abholen. Ich sagte:" Entweder sie ändern Ihren Ton oder sie fahren mit dem Taxi und gewöhnen sich an die Preise." Derart waren teilweise die Gespräche, die ich mit dem Großvater hatte. Wir verstanden uns also nicht sehr gut. Nachdem Florian ungefähr vier Jahre bei uns war, hatte ich dem Großvater deutlich gesagt, dass er Florian jetzt entweder mitnehmen oder sich ganz klar an unsere Regeln halten müsse. Er könne, so fuhr ich weiter fort, mit seinen Vorstellungen nicht in unseren Haushalt eingreifen, wie es ihm gerade beliebe.

Das könne er vielleicht bei sich zu Hause machen, aber nicht bei uns.

Florians Großvater hatte ihm auch gesagt, er dürfe mir nichts erzählen. Damals hatte Florian sich einen Teddybären gewünscht, den ich ihm dann kaufte. Dieser Bär war für ihn ganz wichtig und er begleitete ihn überall hin. Ich sagte Florian, wenn er Sorgen habe, könne er diese dem Teddy anvertrauen und der wiederum werde sie mir erzählen. Somit käme er auch nicht in Konflikt mit dem Großvater.

Florians Mutter war nur einmal zu Besuch bei uns und sagte im Verlauf unseres Gesprächs, dass sie sich niemals gegen ihren Vater habe durchsetzen können. Das hinge auch damit zusammen, dass sie damals als Schwesternschülerin in die Ausbildung gegangen sei und zu der Zeit noch nicht einmal gewußt habe, wie man sich richtig wäscht. Sie gab mit zu verstehen, dass ihre Eltern, besonders der Vater, schon immer sehr dominant und bestimmend gewesen seien. Deshalb habe sie zum Beispiel auch nie gelernt, sich alleine zu waschen. Das habe sie später erst einmal lernen müssen, da sie bis ins jugendliche Alter immer von ihrer Mutter gewaschen worden sei. Florians Mutter wollte mir damit auch klar machen, auf was ich mich da mit ihren Eltern einließ. Ich entgegnete, dass es mir nicht um die Großeltern ginge, sondern einzig und allein um Florian. So ging das die ganzen Jahre und teilweise mußte ich hart durchgreifen, um meine Forderungen und meinen Willen gegenüber dem dominanten Großvater durchzusetzen. Manchmal aß er, wenn er Florian besuchen kam, gemeinsam mit uns zu Mittag. Ich hatte Nils, eines unserer Pflegekinder, einmal kurz in der Küche auf die Ablage gesetzt. Das Fenster war geöffnet und mein Mann, der Großvater und ich rauchten nach dem Essen eine Zigarette, wobei die Zigaretten des Großvaters besonders stark waren. Ich glaube, es handelte sich um eine französische Marke. Nach diesem Besuch hatte Florians Großvater nichts Besseres zu tun, als zum

Jugendamt zu gehen und sich dort über uns zu beschweren. Wir würden, so seine Aussage, nach dem Essen rauchen, hätten dabei aber ein Kleinkind im Zimmer. Das Jugendamt maß diesem Vorwurf keine Bedeutung bei und so blieb es dabei. Daraufhin bot ich dem Großvater nicht mehr freiwillig an, zu uns zu kommen. In den Kinderzimmern unseres Hauses wurde jedoch nie geraucht.

Bei einem seiner Besuche fragte mich der Großvater, ob er mit Florian zunächst sprechen könne. Ich bejahte und er machte die Türe hinter sich zu. Nach einer Weile ging ich in das Zimmer und dachte, ich traue meinen Augen nicht. Ich sah keines meiner Kinder. Nur Florian und der Großvater waren anwesend. Ich fragte ihn, wo die anderen Kinder alle seien und er antwortete mir ganz frech, er habe sie ins Nebenzimmer ausgesperrt, da er jetzt mit Florian alleine Bonbons lutschen wolle. „Ihre Bonbons", so sagte ich ihm, „können sie wieder einstecken und die Kinder kommen sofort wieder aus dem Nebenzimmer heraus. Florian darf bei mir so viele Bonbons lutschen, wie er will, die anderen Kinder auch, aber von unseren Bonbons. So etwas gibt es bei uns nicht". Mein Mann meinte damals noch zu mir, ich solle mit diesem alten Mann nicht so grob umgehen, aber ich hatte für das Verhalten des Großvaters kein Verständnis mehr. Ich setzte ihn vor die Wahl, sich entweder an unsere Regeln zu halten oder aber das Haus nie wieder betreten zu dürfen. Das trug natürlich nicht zu einer fruchtbaren Zusammenarbeit bei. Florians Großvater versuchte zwischenzeitlich auch immer wieder über die Schule Einfluß zu nehmen. Er wollte, dass er die Schule verlasse und zu ihm zurückkehre, blieb damit aber glücklicherweise erfolglos.

Florian ging zu Beginn in die Behindertenschule. Anfangs rief mich die Lehrerin an und fragte mich, was mit ihm los sei, er würde immer nur schreien. Ich riet ihr, ihn in diesem Fall einfach nicht zu beachten, dann würde er ganz von alleine damit aufhören. Nach ungefähr vierzehn Tagen bekam ich von der Lehrerin die

Nachricht, dass Florian mit dem Schreien aufgehört hatte. Einmal ließ Florian sich von der Sprossenleiter fallen und zog sich dabei blaue Flecken am Gesäß zu. Eine der Nonnen, die die Aufsicht über die Kinder hatten, nahm diese Flecken zum Anlaß und wollte sich mit dem Opa beim Jugendamt über mich beschweren. Mit ihr hatte ich schon von Anfang an wegen Florian Ärger. Wenn ich mit ihr sprach, fing sie ständig an zu lachen und ich denke, dass dies aus reiner Unsicherheit mir gegenüber geschah. Ich konnte also diesen Vorwurf abwehren und beweisen, dass die blauen Flecken nicht von mir stammten, da Richard, ein weiteres Pflegekind von uns, mit anwesend war, als dies passierte. Danach besuchte ich die Oberin, die mir versprach, das Ganze aufzuklären. Die Nonne wurde dann kurze Zeit später versetzt und von da an kehrte auch wieder Ruhe ein.

Als wir in ein anderes Bundesland umzogen, meldete sich plötzlich Florians Mutter bei uns. Sie wollte nicht, dass er mit uns geht und sagte, gegen ihren Vater könne sie sich nicht durchsetzen. Florian solle in der Werkstatt, in der er momentan arbeite, bleiben und danach in ein Behindertenheim umziehen. Florian mußte dann leider bleiben und zog wenig später in das Behindertenheim um, wohin ich ihn noch begleitete. Beim Abschied weinte er bitterlich, da er mit uns gehen wollte. Er fühlte sich irgendwie zurückgelassen. Aber ich konnte es nicht ändern, ich hatte keine Chance. Als Pflegemutter hatte ich quasi nur „geliehene Kinder" und die Rechte lagen nach wie vor bei den leiblichen Eltern. Mein Mann mußte also mit dem Umzug die Pflegschaft abgeben. Es wurde dann ein anderer Pfleger eingesetzt. Wir trafen ihn noch kurz und hatten einen guten Eindruck von ihm. Zum Schluß ging ich mit Florian noch ein letztes Mal ins Café, zu Kaffee und Kuchen. Er wollte zuerst nicht begreifen, was passierte. Ich sagte ihm, dass er jetzt schon groß sei und nun auch alleine klar kommt. Er kam auf die anderen Kinder zu sprechen und fragte mich, was mit denen ge-schähe. Daraufhin entgegnete ich, dass die anderen noch nicht so groß wie er seien und daher nach wie vor Hilfe benötigten. Eines Tages jedoch würden auch sie uns verlassen, um ihren eigenen Weg zu gehen. Das verstand er dann auch.

Florian lebt heute noch in diesem Behindertenheim. Ich bin nach wie vor in Kontakt mit ihm und wir telefonieren regelmäßig miteinander.

Zum Schluß, in einem letzten Gespräch mit Florians Großvater meinte dieser, was er nicht alles geschafft habe. Er schrieb doch tatsächlich einen Großteil dieser Erfolge, die mein Mann und ich erzielt hatten, seinen eigenen Bemühungen zu. Ich wollte ihm damals aus Höflichkeit nicht sagen, dass er es eigentlich nur geschafft hatte, Florian in die Psychiatrie zu bringen. Aber das spielte zu diesem Zeitpunkt keine Rolle mehr.

Mit der Großmutter hatte ich, nachdem Florian in das Behindertenheim umgesiedelt war, noch Kontakt, da ich von ihr wissen wollte, wo er geboren war. Sie nannte mir eine Stadt, die sich jedoch im Nachhinein als falsch herausstellte. Es ist, finde ich, schon bezeichnend, wenn man als Großmutter nicht einmal weiß, wo das einzige Enkelkind geboren ist.

Detlef

Detlef war vorübergehend in unserer Familie. Sein Vater brachte ihn im Alter von vier Jahren zu uns. Detlef befand sich in einem sehr desolaten Pflegezustand, begleitet von heftigen, stinkenden Durchfällen. Er war spastisch gelähmt und hatte einen erheblichen Entwicklungsrückstand. Er brachte eine Puppe mit, die ihn ständig begleitete und an der er sehr hing. Da wir, wenn wir außer Haus gingen, nicht so viele Kinderwagen auf einmal schieben konnten, befestigten wir an einem der Wagen ein großes Einkaufsnetz, in das wir Detlef dann hineinsetzten. Er fand das sehr lustig und war zufrieden, auf diese Art und Weise herumgefahren zu werden. Das Netz hing dabei am Lenker und Detlef schaukelte darin, wie in einer Hängematte, während Ullrich vorne im Wagen saß. So nahmen wir Detlef ständig mit und er genoß es in vollen Zügen, überall dabei sein zu dürfen. In Gesprächen erfuhren wir dann später, dass seine Eltern beide berufstätig waren und er daher die Nachmittage im Bett verbringen mußte, da sich niemand um ihn kümmern konnte.

Wir förderten Detlef intensiv nach der Bobart-Methode, mit Eß- und Sprechanbahnung usw., wobei er gute Fortschritte erzielte. Er fing an, sich auf seine Art zu artikulieren, wußte nach kurzer Zeit, was er essen und trinken wollte und begann, Speisen mit dem Speziallöffel zu essen. Feste Nahrung konnte er auch aus der Hand zu sich nehmen. Detlef entwickelte sich zu einem Genießer. Als wir ihn schließlich hochgepäppelt hatten und sich sein Zustand erheblich gebessert hatte, stand die Mutter plötzlich und unerwartet vor unserer Tür und holte ihn wieder ab. Davor war sie nur einmal zu Besuch bei uns gewesen und dabei hatte sie anscheinend wieder Gefallen an ihm gefunden. Sie war geradezu euphorisch und wurde nicht müde, immer wieder zu betonen, wie gut er sich entwickelt habe und wie toll sie das fände. An diesem Tag, als seine Mutter also ungefähr sechs Wochen später erneut bei uns auftauchte, protestierte Detlef aufs Heftigste und es gab bittere Tränen. Nichts half jedoch. Detlef wurde von ihr und ihrem Freund, den sie mitgebracht hatte, einem großen Mann, einfach hochgehoben und weggeschleppt. Man hatte mir noch nicht einmal die Zeit gelassen, Detlef zu trösten und mich von ihm zu verabschieden. Er durfte mir gerade noch die Hand reichen, das war alles. Aufhalten konnte ich die beiden nicht, dafür reichte meine Kraft nicht. Ich hatte noch versucht, mit der Mutter zu reden, aber sie war bereits zuvor, hinter meinem Rücken, zum Jugendamt gegangen und hatte damit die Sache wieder ins Rollen gebracht. Von Seiten des Jugendamts hieß es damals nur ganz lapidar, manchmal seien Kinder eben auch nur vorübergehend in einer Pflegefamilie und man müsse sie dann, wenn die leiblichen Eltern sich wieder in der Lage fühlten, sich selbst um die Kinder zu kümmern, auch wieder zurückgeben. Das sei vom Gesetzgeber so gewollt. Diese und ähnliche Ausreden mußten wir uns damals anhören. Wie sich später, auch bei anderen Fällen, herausstellte, kam es des Öfteren vor, dass das Jugendamt Kinder unter irgendwelchen Vorwänden aus Pflegefamilien herausholte, sie vorübergehend in Heime oder sonstige Einrichtungen steckte, um sie dann später wieder zu den Pflegefamilien zurückzubringen.

Man untersagte mir danach jeglichen Kontakt zu Detlef. Ich weiß zwar, in welcher Einrichtung er sich heute befindet, aber offiziell darf ich keinen Kontakt mit ihm aufnehmen. Dies wird von Seiten des Jugendamts nicht gewünscht.

Ich habe mich nach diesem schrecklichen Abschied von Detlef immer wieder gefragt, warum die Mutter auf diese Art und Weise reagiert hatte. Vielleicht lag es daran, dass Detlef, als die Mutter damals zu Besuch war, „Mama" zu mir sagte, was wiederum irgend etwas bei der Mutter ausgelöst haben muß. Aber anstatt mit mir darüber zu reden, zog sie es eben vor, die ganze Sache hinter meinem Rücken mit dem Jugendamt durchzuziehen. Sonst hätte ich ihr begreiflich machen können, dass es nicht darum ging, dass Detlef „Mama" zu mir sagte, sondern darum, dass das Kind alles bekommt, was ihm zusteht. Denn Kinder sind ja sowieso nur geliehen und wir dürfen sie eine Weile behalten bzw. mit Ihnen durchs Leben gehen. Dabei spielt es keine Rolle, ob es sich um die eigenen oder die zur Pflege anvertrauten Kinder handelt. Man darf auch die Zeit nicht nutzlos verstreichen lassen. Pflegekinder gehören nicht nur ins Bett – es gibt auch noch andere Dinge im Leben und diese Kinder haben ein Recht darauf, diese Dinge kennenzulernen.

Susanne

Susanne kam aus einem wohlhabenden Elternhaus. Sie war, infolge eines Impfschadens, stark geistig behindert. Die Mutter hatte zuerst eine andere Pflegestelle für ihre Tochter aufgesucht. Von dort erhielt sie dann die Auskunft, sie möge sich doch bei meiner Adresse melden, da ich diese Sorte von Kindern zur Pflege hätte. Als Susannes Mutter mit mir Kontakt aufnahm, ging es zunächst um eine Unterbringung für die Dauer eines Monats.

Susanne war sauber angezogen und sehr gepflegt. Ihr Vater sagte damals, er möchte nicht, dass sie in ein Heim abgeschoben werde. Das war wohl auch der Grund, warum die Eltern Susanne bei sich zu Hause behalten hatten. Jedes Mal, wenn der Vater an einem Wochenende nach Hause kam, mußte Susanne mit am Tisch sitzen. Sie gehörte mit dazu. Der Vater hatte sich, im Gegensatz zu vielen anderen Menschen, die ich im Laufe der Jahre kennen gelernt hatte, zu ihr bekannt. Das fand ich einen feinen Charakterzug.

Susanne wurde also zu uns gebracht. Meiner Angestellten riss sie ein Büschel Haare aus, ihrer Freundin verbog sie bei der Begrüßung die Brille und meinem Mann verdrehte sie den Daumen. Mich sah sie nur an. Susanne war zu diesem Zeitpunkt fast schon erwachsen, sah aber Ihrem Alter entsprechend jünger aus. Die Mutter sagte mir, die Nahrung müsse komplett gemixt werden, da Susanne sie sonst nicht esse. Sie mußte ohnehin gefüttert werden. Am anderen Morgen wollte sie weder essen noch trinken. Ich ließ ihr ein Bad ein, stellte die Musik im Radio an und fütterte sie in der Badewanne. Nach anfänglichem Wehren, gefolgt von erstauntem Innehalten, klappte das Frühstücken in der Badewanne. Allerdings hatte ich den Eindruck, als ob sie bei Temperaturunterschieden im Mund zusammenzuckte. Ich vermutete sofort, dass etwas mit ihren Zähnen nicht in Ordnung war. Susanne brachte, als sie zu uns kam, auch eine Klistierspritze mit Glyzerin mit. Damit sollte jeden Tag ihr Darm behandelt werden, damit er sich entleere. Da dies, laut ihrer Mutter, jedoch nur aus Hygienegründen geschah, sah ich es nicht ein, diese Prozedur bei ihr durchzuführen. Sie war ohnehin ein Windelkind und so spielte es keine Rolle, was an Inhalt in den Windeln war. Susanne trug lange Haare und die Mutter legte Wert auf Locken. Die Lockenwickler, die sie für Susanne mitgebracht hatte, sollten ihr jeden Abend in das Haar eingelegt und am anderen Morgen entfernt werden. Ich hatte, nach den ersten Nächten, den Eindruck gewonnen, dass sie damit nicht gut schlief. Deshalb meldete ich sie kurzerhand beim Friseur für eine Dauerwelle an. Wir gingen dann gemeinsam zum Friseur und sie bekam auch ihre Dauerwelle. Damit Susanne durchhielt und ihr die Zeit dort nicht zu lang wurde, ging ich mit ihr in den Empfangsraum der benachbarten Bank und dort konnte sie in den Pausen, während das Mittel einwirken mußte, Musik hören. Danach schleppte ich sie wieder zurück zum Friseur und so ging alles ohne Probleme vonstatten. Dann waren die Locken drin und die Lockenwickler wurden verbannt.

Susanne hörte sehr gerne Musik. Damit konnte man sie wunderbar motivieren. Sie machte überall mit, schloß sich auch den anderen Kindern schnell an. Obst wollte sie gar nicht essen, damit wollte sie sich einfach nicht füttern lassen. Ich ließ mir jedoch etwas einfallen, um sie zum Essen zu bewegen. Dazu bereitete ich einen Obstteller vor und stellte ihn die Küche. Jedes Mal, wenn Susanne sich ein Stück Obst davon geholt hatte und damit verschwand, sagte ich mit einem leicht spitzbübischen Lächeln zu ihr: „Na so was." Das spornte sie dann wieder an, das nächste Stück zu holen. Erst schaute sie um die Ecke und dann holte sie, schwups, das nächste Stück. So wurde der Teller nach einer Weile auch leer. Susanne trank auch keine Obstsäfte, wollte nur immer Tee oder

Wasser. Mit der Zeit lernte sie auch alleine essen. Sprechen konnte sie fast nicht. Wenn es etwas gab, was ihr Unmut bereitete, so gab sie eindeutige Laute von sich und drohte mit dem Zeigefinger. Daran erkannte man, dass sie mit etwas nicht einverstanden war. Eines Tages klingelte ein Vertreter, der Bücher zum Kauf anbot, an unserer Haustüre. Es war ein älterer Herr und da es Sommer war und er ziemlich schwitzte, hatte ich ihm ein Glas Wasser angeboten. Er kam in unser Haus und legte seinen Hut und das Buch auf dem Tisch im Wohnzimmer ab. Susanne schnappte sich zuerst den Hut, wrang ihn einmal kurz herum und warf ihn unter den Tisch. Das Buch warf sie hinterher. Der ältere Herr war daraufhin ganz erschrocken und meinte, er wolle dann doch lieber gehen. Ich sagte ihm, dass es mir leid tue und dass ich auch nicht wisse, warum sie das getan habe, aber ich könne es nicht ändern. Er versuchte verzweifelt, seinen Hut wieder einigermaßen gerade zu biegen, denn der Filz war ordentlich ramponiert. Wahrscheinlich hing Susannes Reaktion damit zusammen, dass ich die Musik leiser gestellt hatte, als der Vertreter eintrat. Das hatte ihr wohl nicht gepaßt.

Als die vier Wochen vergangen waren, holte die Mutter Susanne wieder bei uns ab. Den Koffer und alle anderen Sachen nahm sie ebenfalls wieder mit. Hinterher rief sie mich an und sagte mir, dass sie zum ersten Mal jemand gehabt habe, der Susanne anständig versorgt und sich auch ordentlich um die Wäsche gekümmert hätte. Das war auch so ein kleiner Sieg für mich und ging mir runter wie Öl. Die Mutter fragte mich noch, ob sie, wenn sie zwischendurch in Urlaub oder am Wochenende einmal mit der Familie wegfahren würde, Susanne bei mir unterbringen könne. Dazu habe ich dann ja gesagt.

Nach einer gewissen Zeit wandte sie sich wieder an mich und gab mir zu verstehen, dass sie Susanne eigentlich gerne an mich abgeben würde. Und sie fragte mich, ob ich sie aufnehmen wolle. Ich entgegnete, dass wir es zunächst einmal für ein paar Monate versuchen sollten, bis die Mutter sich auch daran gewöhnt hätte, dass Susanne von zu Hause weg sei. Und danach würden wir sehen, wie sich das Ganze entwickelt. Daraufhin bekam ich vom Jugendamt eine vorläufige Pflegeerlaubnis ausgestellt.

Susanne war dann zunächst bei uns und ich habe einiges ändern lassen bzw. einige Dinge angestoßen, um die man sich vorher nicht bei ihr gekümmert hatte. Ich meldete Susanne in der Zahnklinik an und wir bekamen ungefähr drei Wochen später einen Termin. Wir mußten damals um sieben Uhr morgens dort sein und die Mutter war ebenfalls anwesend. Ein anderes Pflegekind, das ebenfalls behandelt werden mußte, war auch mit in der Klinik. Plötzlich trat die Zahnärztin aus dem Operationssaal, kam auf uns zu und sagte im Beisein aller Anwesenden: „Also, das muß ich Ihnen sagen: Das Kind hat die gepflegtesten Zähne, die ich je gesehen habe". Da war ich natürlich sehr stolz. Susannes Mutter war doch etwas pikiert, da das bei ihrer Tochter nicht der Fall gewesen war. Es wurden bei ihr insgesamt acht Zähne saniert und vier Weisheitszähne gezogen. Als sie aus der Zahnklinik kam, war Susanne noch halb in Narkose und lag daher im Bett. Unsere Wohnung befand sich im Parterre und ich hatte das Fenster von Susannes Zimmer auf. Als ich wenig später wieder ins Zimmer trat, war sie weg. Wir suchten sie überall und fanden sie schließlich auf der Strasse. Sie lief im Nachthemd herum und hatte einen Finger in ihrem Hintern. Wir fingen sie wieder ein und sie beruhigte sich schnell.

Danach ging es Susanne wieder ziemlich gut. Als alles verheilt war, gab es auch mit dem Essen keinerlei Probleme mehr. Dann konnte ich auch damit aufhören, Susannes komplette Nahrung zu einem Brei zu mixen. Es tat mir sowieso schon von Anfang an in der Seele weh, mit ansehen zu müssen, wie Linsensuppe mit Würstchen oder Schnitzel mit Kartoffeln und Salat zu einem Einheitsbrei gemixt wurden und man Susanne dann damit fütterte. Was war das für ein Essen gewesen? Das konnte ja niemand genießen. Susanne hatte sich dann mittlerweile an feste Nahrung gewöhnt. Sie lernte jetzt erst so richtig zu essen und zu genießen, was es, außer Flüssignahrung, sonst noch so gab. Mein Mann hatte, wenn er abends spät nach Hause kam, extra gegessen. Susanne rannte dann immer zu ihm hin, schaute, bückte sich über seinen Teller und schaute, was er darin hatte. Das hatte wohl so ihren Appetit angeregt, dass sich links und rechts der Mundwinkel bereits kleine Fäden bildeten. Sie bekam dann auch nochmals einen Teller voll Essen und war zufrieden damit.

Die Mutter wollte, dass ich Susanne weiterhin mit der Klistierspritze einen Einlauf gebe. Ich sagte ihr, dass ich das nicht mehr mache, da Susanne sich auch dagegen wehrte. Warum also sollte ich das weiterhin tun? Es sei, so gab ich ihr zu verstehen, einzig und allein meine Sache, was ich saubermache und was ich nicht.

Susanne war dann schon eine ganze Weile bei uns, als sich plötzlich ihre Mutter bei mir meldete und sagte, sie müsse sie vorübergehend zu sich nach Hause holen, da es Schwierigkeiten mit ihrer Rente gäbe. Welcher Art die Schwierigkeiten waren, wußte ich nicht. Ich konnte auch nichts dagegen machen, da Susanne ja vorübergehend bei uns war und so gab ich dem Drängen der Mutter nach. Kurze Zeit später meldete sich die Mutter wieder bei mir und sagte, ich solle Susanne an einem bestimmten Wochenende wieder zu mir nehmen. Das tat ich dann auch. Ungefähr drei Monate später kam sie erneut auf mich zu und meinte, sie wolle sich jetzt doch von ihr trennen und fragte mich, ob ich sie aufnehmen wolle. Am Tag der Aufnahme standen Susanne und ihre Mutter vor mir und ich dachte, ich traue meinen Augen nicht. Die Mutter hatte ein blaues Auge und Susanne war im Gesicht verkratzt. Ich fragte erstaunt: „Habt ihr im Clinch gelegen?" Die Mutter antwortete:"Mehr oder weniger. Ich werde körperlich einfach nicht mehr mit ihr fertig." Daraufhin erwiderte ich: „Sie müssen sie auch nicht zwingen, sie müssen sie bitten. Dann macht die Susanne das".

Im Laufe der Zeit erzählte mir die Mutter, dass sie in dem Mehrfamilienhaus, das sie gebaut hatten, extra eine Wohnung freigelassen hätten. Diese Wohnung wollten sie und ihr Mann einer Person kostenfrei zur Verfügung stellen, die als Gegenleistung Susanne ab und zu am Wochenende zu sich nimmt. Das schien angeblich nicht geklappt zu haben. Jeder hatte wohl die kostenlose Wohnung gewollt und sich auch einmal um Susanne gekümmert, aber dann war es auch schon vorbei. Einmal schubste Susanne in das eingelassene Bad, das eigentlich für sie bestimmt war, die Pflegekraft mit voller Montur hinein. Wenn Susanne sich nicht wohlfühlte, so wurde mir berichtet, konnte es schon mal sein, dass sie mir ihrem Arm die Ablagen abräumte oder einen Fernseher herunterwarf. Bei mir hingegen hatte sie das nie gemacht. Nie hatte sie irgend etwas angefaßt. Sie wartete immer, bis ich mich ihr zuwandte. Ich fragte sie und sie zeigte mir ganz klar mit ihren Augen, was sie wollte. Das machte ich dann auch und fragte sie zwischendrin: „Das oder das?" Wenn es nicht richtig war, drohte sie mit ihrem Zeigefinger, und wenn es richtig war, dann strahlte sie. Und alles lief immer in Begleitung mit Musik.

Bei den Spaziergängen hatte sie immer etwas Merkwürdiges an sich, auf dessen Ursache ich bis heute noch nicht gekommen bin. Vor jedem Straßenschild knickste sie, d.h. sie ging mit dem rechten Knie auf den Boden, als ob sie sich in der Kirche befinde und sie gab dabei unverständliche Laute von sich. Man konnte sich auch nicht wegziehen, da sie nicht eher weiterging, bevor sie nicht geknickst hatte.

Außer dem Ausstoßen von einigen unverständlichen Lauten, war es Susanne nicht möglich, sich zu artikulieren. Ich hatte versucht, einiges bei ihr zu erreichen, auch mit Hilfe von Krankengymnastik, aber alle diese Versuche waren nicht von Erfolg gekrönt. Susanne wehrte sich auch dagegen und die Kräfteverhältnisse bei den Krankengymnasten waren irgendwo auch begrenzt. Man hatte mir mehr oder minder stark erklärt, dass ich Susanne nicht unbedingt mitbringen müsse, da bei ihr eine weitere Anbahnung aufgrund des fortgeschrittenen Alters schwerlich möglich sei.

Susanne hatte eine Skoliose. Eine Seite ihres Körpers hing ganz herunter und mußte aufgerichtet werden. Ihre Mutter brachte mir damals jede Menge Schmerztabletten mit und meinte, sie müsse diese einnehmen, sobald ich merkte, dass sie Schmerzen habe. Ich dachte für mich, dass man dabei doch zuerst einmal die Ursachen bekämpfen müsse und bin mit Susanne zum Orthopäden. Dieser verschrieb ihr ein Korsett, was ihr angepaßt wurde und mit dem sie dann auch aufrecht gehen und stehen konnte. Damit machte sie mir damals auch nicht den Eindruck, als ob sie jetzt große Schmerzen habe, die wiederum nur mit Schmerzmitteln zu bewältigen seien. Ansonsten war Susanne ein lustiges und fröhliches Mädchen. Sie hielt sich gerne im Freien auf, jedoch immer in Begleitung von Musik. Das war für sie sehr wichtig. Morgens beim Aufwachen mußte sie bereits von Musik begleitet werden, und mit der Zeit hörten wir heraus, welche Art von Musik sie besonders liebte. Wir ließen später auch verschiedene Tonbänder für sie aufnehmen, damit sie die Musik hören konnte, die sie mochte. Vor allem, wenn es gegen Abend zuging, damit sie beruhigt in den Abend gleiten konnte. Wenn Susanne einmal nicht essen wollte, dann setzte ich sie kurzerhand in die Badewanne und gab entsprechende Badezusätze ins Wasser. Das entspannte sie. Ich redete dann ganz leise auf sie ein und bot mich ihr immer wieder an. Das klappte dann auch ganz gut.

Die Mutter brachte eines schönen Tages einen abgetragenen Pelzmantel zu uns, den sie Susanne geben wollte. Er paßte ihr jedoch überhaupt nicht, war viel zu groß. An Weihnachten rief mich die Mutter an und sagte, dass ihre andere Tochter in den Skiurlaub fahren würde und ich möge ihr doch bitte die sechs Unterhosen von Susanne, die mit den längeren Beinen, für die Dauer des Urlaubs ausleihen. Nach dem Skiurlaub könne ich sie wieder zurückbekommen. Ich händigte ihr die Unterhosen aus, sagte ihr aber gleichzeitig, dass sie mir diese nicht zurückgeben müsse, da ich ja trotz allem weiterhin Unterhosen für das inkontinente Kind benötige und diese daher selbst besorgen werde. Das tat ich dann auch und zwar auf meine Kosten. So lernt man von wohlhabenden Leuten sparen.

Als wir in ein anderes Bundesland umzogen, holte die Mutter Susanne wieder zu sich zurück, da sie nicht wollte, dass Susanne mit uns geht. Sie war zum Glück die häusliche Umgebung sowie die Umgebung bei meinem Mann und mir gleichermaßen gewöhnt, so dass ihr der Abschied nicht allzu schwer fiel. Die Mutter meinte noch, dass sie jetzt mehr Zeit für Susanne habe, da auch die Großmutter mittlerweile verstorben sei. Damals hörte ich noch von der Mutter, dass sie fast ein Jahrzehnt lang prozessiert hatte, um zu erreichen, dass Susanne als Impfschaden anerkannt wurde und sie somit ihren Rentenanspruch durchsetzen konnte.

Wir wohnten also in diesem neuen Bundesland und ich hatte eine ganze Weile nichts mehr von der Mutter gehört. Eines Tages kam ein Anruf von Susannes Vater. Er teilte mir mit, dass seine Frau verstorben sei und er habe ihr noch vor dem Tod versprechen müssen, dass er Susanne zu uns bringe. Ich sprach daraufhin mit meinem Mann, der jedoch ablehnte. Er wollte Susanne auf keinen Fall mehr aufnehmen. Jedes andere Kind, nur sie nicht. Ich fragte ihn, warum er nicht wolle und er entgegnete nur, dass er sie eben nicht im Haus haben wolle. Er rief dann trotzdem beim Jugendamt an, da er wußte, dass ich, wenn ich mir etwas in den Kopf gesetzt hatte, dies auch um jeden Preis durchsetzen wollte. Von Seiten des Jugendamts hieß es dann jedoch, ich dürfe Susanne nicht aufnehmen. Der Vater rief kurze Zeit später wieder an und informierte ihn über die Entscheidung des Jugendamts. Daraufhin sagte er, dass er jetzt zum Jugendamt fahren und die Sache klären werde. Ich würde die Pflegeerlaubnis schon bekommen und ich solle mich nur auf ihn verlassen. Susanne werde er auf jeden Fall gleich im Auto mitbringen. Mein Mann sträubte sich total dagegen und fuhr auch zum Leiter des Jugendamts, um mit ihm darüber zu reden. Das Ergebnis war letztendlich, dass mir die Aufnahme von Susanne definitiv untersagt wurde. Mir tat es leid für sie, da ich das Mädchen sehr mochte und ich auch immer gut mit ihr zurecht kam, wenngleich mein Mann sich dem nicht anschließen konnte. Das spielte aber auch keine Rolle, da ich ja diejenige war, die Susanne immer gepflegt hatte. Viele Jahre später sagte er mir einmal, er hätte ein bißchen Angst davor gehabt, man könne ihm etwas andrehen, da Susanne ja bereits erwachsen war, als sie zu uns kam. Ich entgegnete ihm: „Was fällt Dir ein? Solange Du sie nicht anfaßt, wird Dir auch niemand etwas andrehen. Was fällt Dir ein, so zu denken?" Wir hatten ziemlichen Ärger miteinander und es tat mir leid. Dann half ich dem Vater, indem ich ihm sagte, wo Susanne eventuell unterkommen könne. Er bemühte sich darum und erreichte dann auch, dass Susanne in dem Heim, das ich ihm genannte hatte, untergebracht wurde. Leider war ich von meinem Standort aus nicht in der Lage, eine Familie zu suchen, die bereit gewesen wäre, Susanne optimal zu versorgen und zu pflegen. Später nahm der Vater erneut Kontakt zu mir auf und sagte mir, dass es der letzte Wille seiner verstorbenen Frau gewesen wäre, Susanne zu mir in die Pflege zu geben. Und irgendwo wollte er seiner Frau diesen Wunsch ja auch erfüllen. Ich gab ihm zu verstehen, dass mir die Hände gebunden seien. Ich könne nicht gegen das Jugendamt ankämpfen, da ich sonst alle Kinder gefährden würde. Man hatte mir deutlich zu verstehen gegeben, dass, wenn ich Susanne zu mir nähme, es Ärger geben würde. Und ich konnte nicht alle anderen Kinder und die fruchtbare Zusammenarbeit mit dem Jugendamt nur aufgrund eines einzigen Kindes gefährden, was er letztendlich auch verstand.

Ein Kontakt zu Susanne besteht leider nicht mehr, da das Heim dies bis heute erfolgreich verhindert hat.

Markus

Markus kam im Alter von neunzehn Monaten zu uns. Er hatte eine schwere Tetraplegie. Der Vater erzählte mir, dass er ständig Laufübungen mit ihm machte, indem er ihn hinstellte. Mit Entsetzten sah ich, dass Markus noch den Schreitreflex hatte, der eigentlich wenige Tage nach der Geburt verschwindet. Durch die Übungen, die der Vater mit ihm machte, hatte er diesen Schreitreflex noch gefördert, ohne es zu wissen. Markus befand sich in einem nicht sehr guten Pflegezustand. Er hatte noch zwei Geschwister. Der älteste Bruder, der eigentlich nicht sein leiblicher Bruder war, mußte immer auf Markus aufpassen und ihn im Kinderwagen herumfahren, was auch mit dazu beigetragen hatte, dass er ihn nicht besonders mochte. Ab und zu hatte er daher den Kinderwagen mit Markus irgendwo abgestellt, einige Zeit alleine gespielt und Markus erst viel später wieder abgeholt. Ein paar Mal war es auch vorgekommen, dass der Bruder nicht anwesend war. Fremde Leute hatten dann den abgestellten Kinderwagen mit Markus darin gefunden und verzweifelt nach der Mutter gesucht. In Markus' Elternhaus gab es häufig Probleme und er wurde oft sowohl von der Mutter als auch vom Vater geschlagen. Von Seiten des Jugendamts hieß es damals, das Kind müsse von der Familie weg. Man hatte sich deshalb bei mir gemeldet und mir gesagt, dass ich mir Markus ansehen und danach entscheiden könne, ob ich ihn zu uns nehmen wolle. Ich entgegnete, dass ich ihn mir dazu nicht erst ansehen müsse. Wenn, dann würde ich sofort ja sagen und ihn umgehend abholen, vorausgesetzt, ich bekäme die Pflegeerlaubnis ausgestellt. Das wurde dann auch vom Jugendamt erledigt und so ging ich Markus abholen. Ich sprach noch mit den Eltern und die Mutter sagte, es sei sehr schwer für sie, ihr Kind wegzugeben, da Markus ein bißchen anders als die anderen sei. Er habe Locken, während die anderen Kinder nur glattes Haar hätten. Ich erwiderte, dass es doch im Grunde egal sei, ob mit glattem Haar oder mit Locken, worauf die Mutter mit einem Mal einen Geistesblitz zu haben schien. Sie sagte: „Mein Mann ist ja heute zu Hause. Dann machen wir eben nochmals ein Kind mit Locken, wenn Sie den Markus jetzt mitnehmen." Ein Jahr später gebar die Mutter dann auch einen Jungen namens Wolfgang. Sie meldete sich damals wieder bei mir, sagte, sie müsse in Urlaub und fragte, ob ich ihr Kind nicht in dieser Zeit betreuen wolle. Dann fuhr sie tatsächlich zwei Tage vor Wolfgangs erstem Geburtstag in die Ferien und brachte ihn zuvor noch bei uns vorbei. Wolfgang war dann also bei uns und schrie von morgens bis abends. Unsere Kinder hatten ihm daraufhin den Spitznamen „Äh" gegeben, da er sich den ganzen Tag nur so äußerte. Wolfgang blieb dann nicht nur, bis der Urlaub der Mutter wieder vorüber war, sondern verbrachte noch einige Zeit bei uns. Ich hatte ihn zwischenzeitlich auch zum Laufen gebracht. Später gab ich ihn wieder den Eltern zurück. Er war eigentlich nur geistig behindert, hatte keine körperliche Behinderung. Er war jedoch ein, wie ich es nenne, liegengelassenes Kind und da mußte etwas passieren, da er sonst den Entwicklungsrückstand nicht mehr aufgeholt hätte. Wolfgangs Schwester war Epileptikerin, der ältere Halbbruder war ebenfalls behindert. Die Mutter, kann man sagen, war an der Grenze zur geistigen Behinderung, der Vater war Analphabet, obwohl er die Schule durchlaufen hatte. Mein Mann half den Eltern damals auch in der Form, dass er ihnen die Briefe vorlas und beantwortete, die der Vater ihm brachte, da beide weder lesen noch schreiben konnten. Er vereinbarte zum Beispiel kleinere Ratenzahlungen mit den Banken und Firmen, und verhalf so den beiden aus der Schuldenfalle, in der sie sich schon jahrelang befanden. Auf diese Weise hatten wir dann nicht nur die Kinder, sondern sozusagen die ganze Familie mit zu betreuen, was auch gut klappte.

Markus mußte intensiv nach der Voijta-Methode behandelt werden und zwar fünf Mal am Tag. Zusätzlich bekam er eine Mund-,

Eß- und Eistherapie. Ich löste auch den Kau-Schluck-Reflex bei ihm aus und übte mit ihm intensiv die Sprechanbahnung. Markus entwickelte sich mit der Zeit ganz gut. Er konnte später auch sprechen und sich in seiner Art ausdrücken. Was das Essen betraf, so wollte er zunächst alles nur in gemixter Form zu sich nehmen. Eines Tages sagte ich ihm dann, dass der Mixer kaputt gegangen sei und er jetzt nur noch Nahrung in fester Form zu sich nehmen könne. Zuerst wehrte er sich noch ein bißchen dagegen, aber später siegte dann doch der Hunger und von da an gab es nur noch feste Speisen, die er auch alleine essen konnte. Später hatte Markus auch gelernt, mit Teller und Löffel zu essen. Da jedoch die ersten und gleichzeitig wichtigsten achtzehn Monate, verloren gegangen waren, hatte Markus einen Entwicklungsrückstand, der nicht mehr aufzuholen war. So blieb mir nichts anderes übrig, als zu retten, was zu retten war und aus ihm ein „gutes" Rollstuhlkind zu machen. Zu Beginn der Krankengymnastik hatte Markus eine Sitzhose, die ihm sehr große Schmerzen bereitete. Da er keine Spannung in seinem Oberkörper hatte, wurde er an den Beinen fest fixiert und dabei richtete sich der Oberkörper auf. Durch die intensive Behandlung nach der Voijta-Methode konnte er sich mit der Zeit alleine aufrichten. Damals sagte ich ihm: „Markus, ich binde Dich nicht an, fixiere Dich also nicht, wenn Du mir versprichst, aufrecht im Rollstuhl zu sitzen." Und das klappte dann auch hinterher. Das konnte er, so dass die Fixierung weitestgehend vermieden werden konnte.

Markus besuchte später die Schule für Körperbehinderte und machte dort auch große Fortschritte. Er war jemand, der aktiv am Leben teilnahm und sich prächtig entwickelte. Eigentlich war er ein richtiger Sonnenschein. Er spielte viel und intensiv, vor allem mit Nils, einem unserer Kinder. Dabei saß Markus im Rollstuhl vor dem Tisch und Nils saß auf der Fensterbank. Dann spielten sie auf dem Tisch mit Autos, Traktoren, transportierten Heu und Gülle. Sie spielten Mensch-Ärgere-Dich-Nicht und mit Karten. Da

Markus die Karten nicht halten konnte, schob er sie auf dem Tisch hin und her und beide Jungs drehten die Karten dann um. Sie konnten sich sehr gut dabei helfen und es war eine Freude, ihnen bei ihrem Spiel zuzusehen. Markus spielte auch mit allen anderen Kindern. Manchmal durfte er den Rollstuhl auch verlassen und auf dem Boden spielen, jedoch nur für kurze Zeit, damit es zu keinen spastischen Bewegungen und damit zu einer Darmverschlingung kommen konnte.

Markus und ich hatten ein inniges Verhältnis zueinander, wahrscheinlich auch durch die ganzen Therapiemaßnahmen. Später, als er verlegt wurde, erhielt ich einen vorwurfsvollen Telefonanruf und es hieß, ich hätte ihn zu sehr verwöhnt. Er sei jetzt ein wirklich verwöhntes und anspruchsvolles Kind. Dabei hatte er in der ganzen Zeit, in der er bei uns war, weniger Ansprüche an materielle Dinge, als an Beschäftigung und Zuwendung gestellt und eigentlich stand bzw. steht ihm das auch zu. Ich empfand zu keiner Zeit, dass er unverschämt sei. Im Gegenteil, für mich war das normal. Ich sagte damals der Heimleitung am Telefon, sie solle sich doch einmal an den Platz des Kindes stellen und darüber nachdenken, wie sie es denn gerne hätte. Dann kam man schnell dahinter, was ich meinte und man verstummte. Ich sagte vielen Dank und verabschiedete mich.

Markus war bis zu seinem dreiundzwanzigsten Lebensjahr bei uns. Mittlerweile war die Mutter verstorben und der Vater kam regelmäßig alle paar Monate mit seiner neuen Lebensgefährtin zu uns zu Besuch. Wolfgang brachten sie ebenfalls mit. Er hatte eine anthroposophische Schule besucht, war dort aber nicht sehr glücklich gewesen. Wie ich hinterher herausgefunden hatte, lag die Ursache dafür in den Gesprächen, die er zu Hause mit seiner Stiefmutter hatte. Sie war mit der Ernährung, die in der Schule angeboten wurde, nicht einverstanden und meinte, die Kinder müßten in diesem Alter Fleisch essen. Wolfgang, so die

Stiefmutter, sei ständig völlig ausgehungert nach Hause gekommen und habe nur noch Fleisch verlangt. Das läge wohl auch daran, dass es in der Schule nur Körner und ähnliches zu essen gäbe. Mir war sofort klar: Dadurch, dass sie dies dem Jungen ständig einredete und er es aufgrund seiner Behinderung quasi als bare Münze nahm, rückte das die Schule in ein, für Wolfgang, negatives Bild. Ich weiß nicht, wie groß die Widerstände in der Schule letztendlich waren, aber eines Tages sagte Wolfgang zu mir, dass er nichts vom Arbeiten halte. Ich fragte ihn, warum und er antwortete: „Papa hat gesagt, man braucht nicht arbeiten, wenn man ernährt wird." Dagegen konnte ich leider nichts machen; was sollte ich schon sagen? Nach ein paar Stunden ging er wieder und da wurde mir bewußt, welchen Weg die Erziehung bei Vater und Steifmutter eingeschlagen hatte. Die anderen Einflüsse außerhalb unseres Hauses waren wesentlich stärker und es war dann wahrscheinlich die Problematik der Einrichtung, die damit fertig zu werden hatte.

Markus hatte eines Tages zu mir gesagt, dass er sich verändern wolle. Er meinte, dass er von uns weg wolle. Er wolle arbeiten und eine Ausbildung haben, wie alle anderen auch. Wir suchten daraufhin monatelang nach einer Einrichtung und fanden schließlich ein Heim, das ihm zusagte. Markus verbrachte zunächst probeweise eine Nacht dort. In der Einrichtung wollte man sehen, wie man mit ihm zurecht kam und welche Art der Pflege er benötigte. Als Markus am nächsten Tag wieder nach Hause kam, sagte ich ihm, er könne es sich noch überlegen. Wir würden auch andere Einrichtungen anschauen und er könne dann hinterher entscheiden, was er machen wolle. Er hatte sich schließlich für eine Einrichtung entschieden und wurde dann auch von seinem Vater abgeholt, der ihn dorthin begleitete. Beim Abschied packte der Vater zuerst die Sachen ins Auto, dann wurde Markus aus dem Rollstuhl ins Auto gesetzt und zum Schluß kam der Vater auf mich zu und sagte: „Das war's."

Ich hatte mit Markus dann weiterhin regelmäßig Kontakt. Es ging auf Winter zu und plötzlich rief mich die Einrichtung an. Man wollte wissen, ob ich von Markus noch Winterpullover habe. Ich entgegnete, ich hätte damals alles mitgegeben und den Rest, der noch dageblieben sei, hätte ich entsorgt. Wozu hätte ich die Sachen auch noch länger aufbewahren sollen? Der Mitarbeiter der Einrichtung meinte, es wäre dumm von ihm gewesen, die Winterbekleidung damals nicht mitgenommen zu haben. Kurze Zeit nach diesem Gespräch schickte mir Markus plötzlich keine Bilder mehr, die er sonst immer für mich gemalt hatte. Ich machte mir Sorgen und rief ihn an. Während des Gesprächs sagte er mir, dass er nicht glaube, noch lange in dieser Einrichtung zu bleiben. Dass sei dort doch nicht das „Gelbe vom Ei", wie er sich ausdrückte. Ich fragte ihn: „Wo willst Du denn hin?" und er antwortete: „Mama, ich will woanders hin, Ich bleibe hier nicht, das ist hier nichts." Der Heimleitung sagte ich daraufhin: „Also wenn es an den Winterpullovern klemmt, dann gehen sie welche kaufen und schicken Sie mir die Rechnung. Ich werde sie dann bezahlen."

Ich telefonierte noch ein paar Mal mit Markus und er sagte mir in einem Gespräch, einer der Pfleger habe ihn gebeten, bei mir anzurufen. Er solle mich fragen, ob ich ihm etwas Geld schicken könne. Beim nächsten Mal fragte mich Markus: „Mama, kannst Du mir Geld schicken, aber sonst nichts?" Ich sagte, dass ich ihm etwas Geld schicken werde, wollte aber wissen, was los sei, da ich dieses Verhalten nicht von ihm kannte. Daraufhin meinte Markus, der eine Pfleger sage ihm immer, er solle die Mama anrufen und die solle ihm Geld im Umschlag schicken. Ich fragte ihn, ob er denn überhaupt etwas von dem Geld abbekomme und er antwortete, er glaube schon, wisse es aber nicht genau. Ich erzählte meinem Mann davon und bat ihn, Markus anderweitig unterzubringen. So könne das auf keinen Fall weitergehen. Markus wurde dann in eine andere Einrichtung verlegt und nach einer gewissen Zeit hieß es dann von Seiten des Heims, Markus wünsche keinen Kontakt mehr zu mir. Das verwunderte mich sehr, aber ich unternahm nichts, nahm es als gegeben hin. Ich wußte mir auch keine Erklärung, vermutete jedoch, dass es mit einem Ereignis zusammenhing, das einen Tag vor Markus' Abschied bei uns zu Hause stattfand. Sein Vater zeigte meinem Mann damals einen Film über eine Art Familienfeier, der sich über mehrere Stunden erstreckte. Mich interessierte das überhaupt nicht, da ich auch keine der Personen kannte, die in diesem Film gezeigt wurden. Als ich nach mehreren Stunden das Zimmer wieder betrat, hegte mein Mann schon die Hoffnung, dass der Film zu Ende sei. Markus' Vater jedoch meinte: „Gut, dass Sie jetzt kommen. Dann können wir den Film nochmals von vorn ansehen."

Markus' Vater hatte ihm als einziges Geschenk in den ganzen Jahren einen Gartenzwerg aus Ton mitgebracht, der Markus so ziemlich entsetze. Er wurde in den Schrank verbannt und ich durfte ihn dort nie herausholen.

Ich habe mir vorgenommen, in nächster Zeit nach Markus zu suchen. Nils sagte mir, er meine, Markus bei einem Konzert gesehen zu haben. Dort sei ein junger Mann im Rollstuhl gewesen und er glaube, es habe sich um Markus gehandelt. Allerdings habe er ihn aufgrund des großen Barts nicht richtig erkennen können. Seither bin ich mir ziemlich sicher, dass Markus sich in meiner unmittelbaren Nähe aufhalten muß. Ich suche ihn noch, und ich werde heerausbekommen, wo er sich jetzt befindet. Wenn nicht, so verfolge ich seinen Weg zurück über die Meldeämter.

Marianne

Marianne war nur für kurze Zeit bei uns. Sie hatte einen Wasserkopf und einen offenen Rücken. Beides war operativ versorgt, wobei der offene Rücken nochmals zur Operation anstand. Marianne war, als sie zu uns kam, zwei Jahre alt. Durch intensivste Behandlung und ständiges Training erlernte sie schon bald das freie Sitzen. Sie konnte auch nach kurzer Zeit alleine essen und dabei waren Kekse wohl ihre Leibspeise. Marianne erzielte bei uns gute Fortschritte. Eines Tages rief, völlig unerwartet, die leibliche Mutter an und erzählte mir, sie sei alleinerziehend und ein Mitarbeiter vom Jugendamt habe sie aufgesucht. Dieser habe ihr gedroht, dass sie auch für Mariannes Unterbringungskosten aufkommen müsse, wenn sie nicht unterschriebe und sich damit einverstanden erkläre, dass Marianne in ein Heim verlegt werde. Sie war natürlich sehr verängstigt und ich bot ihr an, zu uns nach Hause zu kommen, um alles in Ruhe zu besprechen. Sie kam dann auch kurze Zeit später zu uns und wir unterhielten uns über die Details. Ich sicherte ihr zu, die Angelegenheit zu klären, was ich auch am darauffolgenden Tag tat. Ich kam mit der Mutter überein, dass sie auf ihrem Recht beharren müsse, wenn Marianne bleiben solle. Leider hielt die Mutter nicht durch und so kam es, dass das Kind von uns wegkam und in ein Heim verlegt wurde.

Die Erinnerung an den Tag, als Marianne abgeholt wurde, ist für mich nach wie vor schmerzlich. Ich trug sie auf dem Arm. Ihre kleinen Händchen klammerten sich fest an meinen Pullover, begleitet von Angstgeschrei. Es half nichts. Der Mitarbeiter des Jugendamts entriß mir brutal das Kind und schleppte es zum Auto. Auch hier hatte ich keine Chance zu erfahren, in welches Heim man Marianne verlegte.

Wenn ich nun darüber nachdenke, so empfinde ich eigentlich keinen Haß auf das Jugendamt. Sonst hätte ich es, bei all den Steinen und Hindernissen, die man mir im Laufe der Jahre in den Weg legte, schon längst aufgegeben, mich um behinderte Pflegekinder zu kümmern. Ich verstehe nur nicht, wie Menschen sich so verhalten können. Geld und Macht, so glaube ich, spielen hierbei leider auch eine sehr große Rolle. Das Landesjugendamt war auch einmal bei uns zu Hause und man bot mir an, ich würde für sechs gesunde Kinder die Heimanerkennung bekommen, müsse dafür allerdings die vier behinderten Kinder abgeben. Daraufhin gab ich zurück: „Ihr könnt von mir Brot haben und Euch auch aussuchen, was ihr darauf haben wollt. Ihr könnt auch meine Waschmaschine mitnehmen, dann wasche ich eben in Zukunft von Hand. Aber meine Kinder könnt Ihr nicht haben. Man kann doch nicht Lebewesen aus ihrem gewohnten Rahmen herausnehmen und herumwerfen, wie man will. Das sind doch keine Fußbälle."

Rudolf

Rudolf kam im Alter von knapp vier Jahren in unsere Familie. Er wurde uns aus einem Mutter-Kind-Heim von jemandem gebracht und diese Person sagte mir damals, ich müsse ihn sofort wieder ausziehen, da für seine Kleidung ein Pfand in Höhe von fünfzig DM hinterlegt worden sei. Ich zog ihm daraufhin seine Sachen aus und fragte, mit leicht sarkastischem Unterton, ob ich die Windel ebenfalls mitgeben solle, allerdings sei diese gebraucht. Rudolf kam aus demselben Kinderheim wie zuvor Ulrich. Seine Mutter hatte ihn dort abgegeben, da sie einerseits noch sehr jung und zudem berufstätig war und anderseits ihre Ehe nicht sehr glücklich gewesen zu sein schien. So kamen mehrere Umstände zusammen, die sie den Entschluß fassen ließen, Rudolf in ein Kinderheim abzugeben. Sie dachte damals auch, dass er in diesem Heim gut aufgehoben sei. Rudolfs Großvater hatte ihn eines Tages im Heim besucht und war von den Zuständen, unter denen die Kinder dort leben mußten, so entsetzt, dass er Rudolf sofort von dort wegholte. Danach kam Rudolf in das Mutter-Kind-Heim, in dem auch Richard kurzzeitig untergebracht war. Dieses Heim wurde, wie auch das Kinderheim, später geschlossen. Die Gründe hierfür sind mir nicht näher bekannt.

Rudolf hatte eine spastische Lähmung und war geistig behindert. Er konnte zu Beginn nicht sprechen. Wir leiteten umgehend entsprechende Therapien ein und bald schon lernte er auch „Mama" sagen und konnte sich so artikulieren, dass ich mit der Zeit wußte, was er wollte. Es dauerte nicht sehr lange, bis er alleine sitzen und feste Speisen zu sich zu nehmen konnte. Allerdings hatte er noch nicht sehr viel Kraft in den Armen. Eines Tages kam seine Mutter zu Besuch zu uns und gab ihm einen Apfel. Er nahm diesen sofort in die Hand, wiegte ihn, da ihm die Kraft fehlte, mit einer kreisenden Armbewegung mehrmals hin und her und schaffte es schließlich doch, ihn zum Mund zu führen und ganz aufzuessen. Das war für ihn ein Erfolgserlebnis und er freute sich sehr darüber. Rudolf lernte das Trinken aus einem Joghurtbecher, den ich ihm zu Beginn hinhielt, da dieser leichter als ein Glas oder eine Tasse war und er ihn somit ohne große Mühe halten konnte. Wenn er fertig war und keinen Durst mehr hatte, grinste er und drehte den Becher einfach um, so dass der Restinhalt sich auf den Boden ergoß.

Rudolf war ein lustiges und fröhliches Kind. Zu Beginn, als wir ihn aufnahmen, erschien er mir jedoch noch relativ anspruchslos. Er lag einfach nur herum und nichts schien ihn zu interessieren. Sogar das Essen, so hatte ich anfangs den Eindruck, war ihm egal. Es schien ihm nichts auszumachen, ob man ihn nun fütterte oder nicht. Das hörte jedoch mit der Zeit auf und Rudolf lernte innerhalb von drei bis vier Monaten, seine Wünsche und Bedürfnisse auf seine Art zu artikulieren. Ich übte mit ihm, wie auch zuvor mit den anderen Kindern, unter anderem die Benennung und Differenzierung von unterschiedlichen Geschmacksrichtungen wie süß, sauer, bitter, salzig und das Unterscheiden zwischen warm und kalt. Ich gab ihm verschiedene Materialien, weiche wie grobe, zum Fühlen, damit er den Unterschied kennenlernte. Auch die Farben waren Bestandteil unserer Übungen und zum Schluß konnte er ungefähr acht Farben voneinander unterscheiden. Das Malen bzw. Kritzeln mit beiden Händen machte ihm ebenfalls sehr viel Spaß. Rudolf spielte gerne mit Bausteinen mit Luftballons und mit seiner Puppe Kasper. Die Puppe nahm er überall hin mit. Er hatte auch große Freude daran, sich wie alle unsere Kinder zu verkleiden, allerdings zog er die Sachen dabei nicht vollständig an, sondern legte alles nur lose über seinen Körper, damit er hinterher wieder schneller aus den Kleidern kam. Rudolf saß normalerweise tagsüber im Rollstuhl, aber ich ließ ihn sehr oft auf den Boden, damit er robben und krabbeln konnte. Anfangs hatte Rudolf noch eine Krabbelhilfe, die wie ein kleiner Hocker mit vier Rädern aussah.

Darin lag er, die Hände auf dem Boden und die Beine angewinkelt, und so konnte er dann bald mühelos krabbeln. Bereits nach kurzer Zeit konnte Rudolf auch stehen und so stand er oft an der Fensterbank, schaute nach draußen und nahm alles auf. Wenn er ganz gute Tage hatte, fing er auch an, ein, zwei Schritte nach links oder rechts zu gehen, indem er sich an der Fensterbank festhielt. Man kann sagen, dass er bei uns wirklich große Fortschritte in seiner Entwicklung machte.

Rudolf liebte das Wasser, er war eine richtige Wasserratte. Um ihn anfangs an den Kontakt mit Wasser zu gewöhnen, schüttete ich warmes Wasser in die Mulde seines Kinderwagens und setzte Rudolf hinein, was ihm sehr gefiel. So brachte ich ihm auch das Essen bei. Ich wollte ihm einfach vermitteln, dass es schön ist, im warmen Wasser zu liegen und gleichzeitig zu essen, damit er anfing, ein Körpergefühl zu entwickeln.

Rudolfs Mutter kam eines Nachmittags in die Gaststätte, wo wir gerade dabei waren, Pommes Frites zu essen. Unser mittlerweile ausgewachsener Hund lag unter dem Tisch. Mit ausgestreckten Armen lief die Mutter auf Rudolf zu. Sie wurde jedoch jäh gebremst, da der Hund aufsprang, wobei der Tisch bedenklich wackelte. Erschrocken hielt sie inne. Ich bat sie, langsam auf Rudolf zuzugehen und dabei auch den Hund anzusprechen, da Rudolf quasi unter seinem Schutz stand. Dieses Schutzverhalten, das unser Hund an den Tag legte, galt auch auf dem Spielplatz, im Schwimmbad und im Grunde überall, wo die Kinder sich mit ihm befanden.

Eines Tages wollte Rudolf nicht so recht essen und erweckte den Eindruck, als habe er eine Grippe. Das fing bereits morgens beim Frühstück an, das er ablehnte. Ich badete ihn daraufhin und legte ich noch einmal ins Bett. Das einzige, was er an diesem Tag zu sich nahm, war Tee – sonst wollte er nichts. Ich dachte mir noch: „Laß ihn liegen. Später, wenn er ausgeschlafen hat, wird er sicher wieder hungrig sein." Um halb zehn fing ich an, mir Sorgen zu machen, weil er nicht, wie sonst üblich, aufwachte und nach mir rief. Ich ging in sein Zimmer und da lag er auf dem Bett, mit steifem Körper und weit aufgerissenen Augen. Ich rannte hastig zum Telefon und rief unseren Hausarzt an, der auch sofort vorbei kam. Er schaute sich Rudolf an und gab ihm zunächst eine Spritze in den Oberarm. Daraufhin wartete er einige Minuten und als sich keine Besserung zeigte, meinte er, dass es sich hier nicht um eine Grippe handele. Das sei etwas anderes und man müsse ihn sofort in eine Klinik zur Untersuchung bringen. Der Krankenwagen kam und ich fuhr mit Rudolf in die Klinik. Er erbrach sich während der Fahrt in die Klinik. Leider waren die beiden Sanitäter auch nicht das, was man sich unter gut ausgebildeten Fachkräften vorstellt. Es mangelte während der Fahrt leider an der erforderlichen Hilfe, da derjenige, der die Geräte bedienen konnte, dummerweise am Steuer des Wagens saß und sein Kollege, der neben Rudolf saß, sich damit nicht auskannte. So erreichten wir mehr schlecht als recht die Klinik. Ich nahm Rudolf von der Bahre herunter und drehte ihn auf die Seite. So hielt ich ihn fest, damit nichts in seine Lunge gelangen konnte, falls er sich erneut erbrach. Bei der Aufnahme in der Klinik sagte ich, dass es sich um einen Notfall handle. Man wollte jedoch zuerst die Personalien aufnehmen. Dazu, sagte ich, habe ich keine Zeit und lehnte ab. Ich ging einfach mit Rudolf weiter, schnappte mir den nächsten „weißen Kittel", der mir über den Weg lief und bat ihn, sich Rudolf anzusehen. Man empfahl mir dann nach oben zu gehen und nannte mir eine bestimmte Station. Gleich darauf erschien auch ein Arzt. Rudolf wurde an verschiedene Apparate angeschlossen und untersucht. Er war mittlerweile ohnmächtig geworden. Nach dieser ersten Untersuchung mußte ich, nachdem die Personalien geklärt waren, zur Anamnese. Danach kam eine Krankenschwester, die vor sich hin maulte. Ich fragte, was los sei und sie meinte, ich solle doch mal schauen, wie Rudolf aussehe. Da sah ich, dass bei ihm alles ausgelaufen war. Ich hatte noch so viel Kot und Urin in meinem Leben gesehen.

Ich bat die Krankenschwester, mir einen Eimer und Lappen zu bringen und reinigte alles. Dann wusch ich Rudolf und nahm ihn in den Arm. Er schlug kurz die Augen auf, lächelte mich an, sagte „Mama" und fiel danach wieder in Ohnmacht. Ich blieb noch eine Weile bei Rudolf, bis der Arzt mir sagte, ich müsse jetzt gehen. Ich lehnte ab und entgegnete, dass ich nicht eher gehen werde, bevor ich genau wisse, was los sei. Daraufhin sagte er, dass noch weitere Untersuchungen erforderlich seien und es würde alles für ihn getan. Er werde mich anrufen lassen, sobald nähere Informationen vorlägen. Zwischenzeitlich standen bereits mehrere Ärzte um Rudolfs Bett und ich sollte jetzt das Zimmer verlassen. Ich bat noch um einen kleinen Augenblick, den man mir auch gewährte und nahm Rudolf nochmals in den Arm. Ich sagte ihm, dass er bald wieder nach Hause kommen würde und dass er sich keine Sorgen machen müsse. Er reagierte jedoch, soweit ich mich erinnern kann, nicht darauf. Am Abend rief ich dann in der Klinik an und sprach mit dem behandelnden Arzt, der mir sagte, dass ich gerne jede Stunde nachts anrufen dürfe. Das tat ich dann auch. Ich fragte, wie Rudolfs Zustand sei und der Arzt sagte mir: „Eigentlich wollte ich Sie nur langsam daran gewöhnen. Rudolf ist im Status und wir bekommen ihn da nicht raus." Ich wollte wissen, ob es denn nichts gäbe, um ihn von diesen Krämpfen zu befreien, aber der Arzt verneinte. Er sagte, man habe alles versucht, aber man bekomme ihn da einfach nicht heraus. Er würde weiter krampfen. Das hinge auch damit zusammen, dass man nach der Geburt versäumt habe, sein Blut auszutauschen. Gegen zwei Uhr morgens dann verstarb Rudolf. Ich rief die leibliche Mutter an und wir fuhren noch nachts in die Klinik. Ich fragte den Arzt, ob ich irgend etwas übersehen hatte, ob man irgend etwas noch hätte tun können, aber er verneinte. Er sagte, dass ich nichts dafür könne. Man habe keinen Einfluß darauf, wenn jemand Hirnkrämpfe habe oder in den Status komme. Da könne man nichts mehr tun, das sei wie ein endloser epileptischer Anfall. Der Arzt bestätigte auch den leiblichen Eltern, dass mich keine Schuld an Rudolfs Tod träfe. In dieser Nacht fuhren wir dann zunächst zu uns nach Hause. Rudolfs Eltern verabschiedeten sich später von uns und die Mutter bat mich, sich um Rudolfs Beerdigung kümmern zu dürfen. Ich konnte nicht anders, als ihr dies zu überlassen. Mein Mann und ich waren bei der Beerdigung und der Pfarrer sprach in seiner Predigt ständig davon, dass Rudolfs Tod eigentlich etwas Gutes habe, da Rudolf ja sowieso behindert gewesen sei. Mein Mann mußte mich zurückhalten, denn ich wollte diesem Pfarrer auf seiner Kanzel etwas entgegensetzen, ihm zeigen, dass ich mit seinen Worten überhaupt nicht einverstanden war. Und er wiederholte seine Äußerungen noch des Öfteren – wie gut es doch wäre, dass er gestorben sei und dass Gott ihn mit seiner Behinderung nun zu sich geholt habe. Ich fragte mich wirklich, was diesem Pfarrer eigentlich einfiel, so etwas zu sagen. Die anderen Anwesenden hatten das anscheinend nicht bemerkt, da fast alle am Ende sagten, dass es eine schöne Predigt gewesen sei. Einer von Rudolfs Verwandten, den ich nie zuvor gesehen hatte, fragte mich noch, ob ich nicht mitkommen und mich neben den Sarg stellen wolle, in dem sie Rudolf aufgebahrt hatten. Er wolle mich mit ihm zusammen fotografieren. Ich lehnte, auf meine mir eigene Art, „dankend" ab.

Nach Rudolfs Beerdigung bekam ich, wie üblich, Probleme mit dem Jugendamt, da man dort der Meinung war, ich sei an seinem Tod mit schuld. Ich hatte den Eindruck, dass man mir dies unterschwellig in die Schuhe schieben wollte.

Als Rudolf verstarb, war er keine sechs Jahre alt. Eigentlich fing er gerade erst an zu leben und da mußte er schon wieder gehen. Ich habe heute noch zu Rudolfs Mutter einen guten Kontakt. Sie sagte, dass das Rudolfle, wie sie ihn genannt hatte, es bei mir am besten gehabt hatte. Nur eines, sagte sie mir, hätte ihr sehr wehgetan, nämlich die Tatsache, dass Rudolf zu mir „Mama" sagte und nicht zu ihr, da dies doch eigentlich ihr zugestanden hätte. Aber was hätte ich tun sollen? Ich konnte Rudolfs Augen nicht in ihre Richtung bringen.

Rudolfs Mutter war gegen eine Untersuchung des Leichnams, wahrscheinlich weil sie fürchtete, dass Rudolf danach nicht mehr aufgebahrt werden könne. Sie wollte auch nicht, dass man ihn aufschneidet. So fuhr ich damals, auf Geheiß der Ärzte, in die Klinik und unterschrieb die Freigabe zur Obduktion, obwohl ich vom gesetzlichen Standpunkt aus nicht dazu berechtigt war. Rudolf wurde danach wieder so zurecht gemacht, dass er, ohne erkennbare Spuren einer Obduktion aufgebahrt werden konnte. Ich mußte damals diese Unterschrift leisten, da ich wollte, dass Rudolfs Todesumstände untersucht wurden. Es sollte festgestellt werden, wie es zu seinem Tod kam und weshalb man ihn nicht hatte retten können. Der Arzt sagte mir damals auch, dass die Obduktion anderen Kindern mit ähnlichen Krankheitssymptomen auf jeden Fall helfen werde, da man daraus wichtige Erkenntnisse ziehen könne.

Sophie

Sophie war das vorletzte Kind, das wir aus dem Kinderheim aufgenommen hatten. Sie kam ungefähr sechs Wochen nach Ulrich zu uns und war zu diesem Zeitpunkt vier Jahre alt. Sophie war als außereheliches Kind zur Welt gekommen. Die verheiratete Mutter war durch einen Seitensprung schwanger geworden, worauf sich ihr Mann von ihr hatte scheiden lassen. Sie hat dann das neugeborene Kind noch in der Klinik zur Pflege freigegeben. Sophie hatte noch einen Halbbruder, den ich in der ganzen Zeit nur einmal zu Gesicht bekam.

Die Diagnose, die die Ärzte damals über Sophie gestellt hatten, lautete auf Spina Bifida und Hydrocephalus (Rückenmarksbruch und Wasserkopf). Hinzu kamen allerschwerste Durchblutungsstörungen in den Beinen. Damals gab es jedoch eine Fachklinik, in der Kinder mit diesen Krankheitsbildern erstmals erfolgreich operiert wurden. Man hatte Sophie einen Shunt gelegt, eine Art Drainage, mit der das sich überflüssig bildende Hirnwasser abgeleitet wurde. In dieser Klinik wurden auch die regelmäßig erforderlichen Kontrolluntersuchungen durchgeführt. Ich wurde von den Ärzten dahingehend geschult, dass ich wußte, was zu tun war, wenn sich bei Sophie ein Unter- oder Überdruck abzeichnete. Man klärte mich auch über das sogenannte Sonnenuntergangsphänomen und andere Begleiterscheinungen auf, die dieses Krankheitsbild mit sich bringt. Während der ganzen Jahre hindurch hatten wir keine nennenswerten Probleme. Sophie hatte nur eine Revision nach der Shuntlegung und dies auch nur, weil der Schlauch nicht mitgewachsen war. Bei dieser Revision hatten ihr die Ärzte eine Art Schlinge gelegt und als Sophies Wachstum voranschritt, zog sich die Schlinge auf und wuchs so praktisch mit.

Sophie hatte keinen Sprachfehler und konnte bereits gut sprechen, als sie aus dem Heim zu uns kam. Allerdings konnte sie nicht selbständig essen, da sie von dort nur flüssige Nahrung und Brei gewohnt war. Sie war insgesamt in einem ziemlich schlechten Pflegezustand, als wir sie aufnahmen. Ich hatte sie damals im Heim abgeholt, auf den Arm genommen und ins Auto getragen. Dort hatte ich sie auf meinen Schoß gesetzt und angefangen, mit ihr zu reden. Sie fragte mich: „Wer bist denn Du?" und ich antwortete ihr:"Ich bin Deine Mutter." „Na", sagte sie, „dann ist es ja gut."

Zu Hause brachten wir Sophie dann allmählich bei, dass es außer Brei noch viele andere leckere Sachen zu essen gab. Das hatte sie mit der Zeit auch begriffen und gelernt. Sie kannte keine Kartoffeln, sie kannte kein Gemüse, sie kannte überhaupt nichts. Als es bei uns zu Hause eine Gemüsesuppe gab, fragte sie mich, was das sei. Ich antwortete ihr: „Das sind Kartoffeln." Daraufhin aß sie zuerst alle Kartoffeln und fragte mich, indem sie auf das Gemüse zeigte, erneut:" Und was ist das?" Ich erklärte es ihr, worauf sie wissen wollte: „Kann man das essen?" Als ich bejahte, erwiderte sie: „Ist gut" und aß auch das Gemüse. So ging das zu Beginn beim Essen und bei allen Lebensmitteln, die auf den Tisch kamen. Sie fragte, was es sei, ob man alles essen könne oder ob man einen Teil zurücklassen müsse. So lernte sie auch, dass man bei Eiern die Schale nicht mitessen kann und dass ein Stück Fleisch keine Schale hat und man es ganz essen kann.

Aufgrund Ihrer Behinderung bekam Sophie intensive Krankengymnastik, und sie machte sichtbare Fortschritte. Man verordnete ihr einen Gehapparat, mit dem sie dann laufen lernen konnte und so begann sie allmählich, an Krücken im 4-Punkt-Schwergang zu gehen. Sie lernte auch, den Gehapparat allein an- und auszuziehen. Zusätzlich hatte sie verschiedene Hilfsmittel und einen Rollstuhl, den sie aber nur sehr selten benutzte. Wir übten wir mit ihr das Fallen und Wiederaufstehen mit Krücken oder sonstigen Hilfsmitteln, was sie sehr gut konnte. Sophie hatte ein Gitter an ihrem Bett, das sie, wenn sie sich des Nachts umdrehte, vor dem Herausfallen schützen sollte. Wir übten mit ihr, wie sich an diesem Gitter hochziehen konnte, damit sie auch alleine ins Bett oder aus dem Bett klettern konnte und sie machte große Fortschritte.

Sophie hatte eine Blasen-Darm-Lähmung und so hatte sie später auch gezwungenermaßen gelernt, sich alleine zu katheterisieren. Dies war notwendig, um eine aufsteigende Infektion zu verhindern. Das Katheterisieren beherrschte sie sehr gut und wir hatten in der ganzen Zeit keine einzige aufsteigende Infektion. Wichtig war in diesem Zusammenhang auch, dass Sophie viel trank. Sobald ich merkte, dass irgend etwas im Anflug war, gab ich ihr große Mengen an Flüssigkeit zum Trinken, um ihren Körper auszuspülen und zu reinigen. Wenn sich bei Sophie ein drohender Hirndruck abzeichnete, so pumpte ich mittels des angebrachten Ventils die überschüssige Flüssigkeit ab. Sie selbst durfte das nicht, da die Gefahr bestand, dass sie zu lange pumpte, was wiederum zu schweren Komplikationen hätte führen können.

Sophies Mutter kam ein paar Mal zu uns, entweder alleine oder in Begleitung, um Sophie zu besuchen. Sie gab dann jedes Mal vor, sie interessiere sich dafür, wie es Sophie jetzt gehe und wie sie sich entwickle, aber mir kam das Ganze eher wie ein gut einstudiertes Theaterstück vor. Sie weinte und äußerte mir gegenüber, dass sie nicht nur dadurch bestraft worden sei, dass ihr Mann sie verlassen habe, sondern auch noch damit, eine behinderte Tochter zur Welt gebracht zu haben. Sophies Mutter brachte eine von einer Tante an Sophie gerichtete Karte in einem Umschlag mit. Neben den guten Wünschen waren noch 20 DM als Anlage erwähnt, für die Sophie sich etwas Schönes kaufen sollte. Das Geld fehlte jedoch. Ich gab Sophie dann 20 DM aus meiner Tasche und meinte zu ihr, dass das Geld wohl herausgefallen sei.

Mit der Zeit entwickelte sich Sophie zusehends und sie besuchte später auch die Sonderschule L in unserem Ort. Das ging soweit ganz gut, bis sie eines Tages von der Schule nach Hause kam und mir sagte, sie wolle nicht mehr lernen, sie habe jetzt genug von der Schule. Sie meinte, sie wolle lieber zu Hause bleiben, fernsehen, malen und basteln, einfach nur noch Dinge tun, die ihr Spaß machten und die sie gut konnte. Da für sie jedoch Schulpflicht bestand, ging das nicht.

Sophie hatte ein Mitteilungsheft und sie trug es heimlich unter ihrem Oberteil, wenn sie in die Schule ging. Zu Hause legte sie dieses unter ihren Kleiderschrank. Eines Morgens hatte sie das Heft vergessen und ich fand es beim Saubermachen. Ich staunte nicht schlecht, als ich Eintragungen fand wie: „Sophie soll Wolle und Stricknadeln mitbringen". Und darunter sah ich meine Unterschrift. Ich blätterte weiter und fand noch Eintragungen wie: „Sophie soll noch 5 DM für Wolle und Stricknadeln mitbringen" sowie „Sophie hat die 5 DM nicht mitgebracht." Auch diese beiden Eintragungen waren mit meiner Unterschrift versehen. Anhand der Einträge musste das wohl schon eine ganze Weile so gegangen sein. Als Sophie nach Hause kam, sprach ich sie auf das Heft und die Eintragungen an und sie sagte mir, dass sie auf keinen Fall stricken, sondern wenn überhaupt, dann lieber sticken wolle. Ich rief später die Lehrerin an und klärte die Angelegenheit mit ihr.

Sophie liebte Schmuck. Sie stellte ihn auch teilweise selbst her und fand großen Gefallen daran, sich mit Ketten und allerlei anderen Dingen zu behängen, nach dem Motto: „Je mehr, desto besser". Ich unterstützte sie dabei und sorgte dafür, dass immer genügend Material im Haus war. Auch die anderen Kinder liebten es, sich zu verändern und zu verkleiden. Wir hatten einige große Kisten mit unzähligen Kleidungsstücken darin, aus denen sich die Kinder nehmen konnten, was sie wollten. Das machte allen viel Spaß. Auch Sophie nahm, trotz ihrer Gehbehinderung an diesen Ereignissen mit Freude teil und ich kann im Nachhinein sagen, dass sie sich in dieser Hinsicht sehr gut entwickelt hatte. Sophie war sehr kreativ und konnte unheimlich schön malen. Sie war ausdrucksstark und erzählte gerne über ihre Malerei und das, was sie dabei empfand. Sie malte auch mich und meinte, ich wäre die Schönste und die Beste. Und fast im gleichen Atemzug fragte sie mich, ob ich ihr heute Abend noch ein Kotelett mehr brate.

Tragisch war nach einigen Jahren, als Sophie langsam ins Erwachsenenalter kam, dass sich die Durchblutungsstörungen in den Beinen zusehends verschlimmerten. Ich wußte mir bald keinen Rat mehr, da auch die Medikamente, die man ihr verabreichte, nicht anschlugen. Es zeigte sich einfach keine Besserung. Und so beschlossen die Fachärzte in der Klinik eines Tages, dass Sophie den Gehapparat nicht mehr benutzen dürfe, da er ihre Beine zu sehr belaste und dies gefährlich für sie werden könne. Das war, glaube ich, einer der schlimmsten Momente in Sophies Leben. Nur noch im Rollstuhl zu sitzen und nicht mehr laufen zu können. Ich war sehr betroffen von ihrer Niedergeschlagenheit und wollte ihr darüber hinweghelfen. Und so tat ich etwas, was man normalerweise nicht tut. Ich ließ Sophie, trotz der Warnungen der Klinik, noch ab und zu den Gehapparat benutzen, schärfte ihr jedoch ein, dass sie dies nur ohne Strümpfe machen solle und dass sie, beim kleinsten Anzeichen von blau verfärbten Beinen, den Gehapparat sofort wieder ausziehen solle. Danach legte ich dann immer ihre Beine hoch, damit das Blut wieder zirkulieren konnte und keine Adern platzten. In dieser Zeit gab es auch Probleme mit Nekrosen, die sich bei Sophie plötzlich vermehrt bildeten. Sie hatte teilweise richtige Löcher, die dann entweder am Gesäß oder in der Beckengegend aufplatzten und im schlimmsten Fall zu einer Blutvergiftung führen konnten. Diese „Löcher" wurden mit Tullegras behandelt.

Sophie war vorübergehend in einer Werkstatt beschäftigt, wo sie Handtücher bügelte und die Wäsche zusammenlegte. Nach einem erneuten Umzug hatten wir jedoch das Problem, dass wir für Sophie keinen Platz fanden, der ihr zusagte. So habe ich sie bei mir zu Hause behalten. Sie half mir im Haushalt, bügelte die Wäsche und nähte die Knöpfe an. Wenn sie darin auch keine Expertin war, so tat sie es doch mit Freude und Überzeugung. Sie fühlte sich dafür zuständig und ich spürte, dass diese Arbeit sie befriedigte.

Im Frühjahr veränderte sich Sophies Gesundheitszustand drastisch. Sie wurde von Tag zu Tag blasser und ich war auch mehrmals gezwungen, den Notarzt zu rufen. Dieser meinte nach einem Besuch, es liege wohl an den querstehenden Weisheitszähnen, dass sie so blaß sei. Ich suchte mit Sophie einen Zahnarzt auf und dort entfernte man ihr die Weisheitszähne. Leider blieb ihr Gesundheitszustand nach dieser Operation unverändert schlecht. Unsere damalige Hausärztin, die mehrere Male zu Hausbesuchen zu uns kam, wiegelte jedoch immer ab. Für sie waren die verschiedenen Maßnahmen, die wir ergriffen hatten, nicht nachvollziehbar. Sie sah in Sophies aktuellem Zustand keine Gefahr und meinte sogar zu mir, ich solle nicht die Nerven verlieren. Auch als ich sie um eine Überweisung in eine Fachklinik bat, lehnte sie ab. Ich merkte letztendlich, dass von dieser Seite keine Unterstützung zu erwarten war, und so nahm ich das Ruder selbst in die Hand. Ich gab ihr vermehrt Vitamine und Mineralien in Form von Nahrungsmitteln und dachte, dass Sophie doch irgendwann darauf reagieren und sich ihr Zustand bessern müsse. Leider waren meine Bemühungen vergebens, denn es änderte sich nichts. Daraufhin bestellte ich einen Krankenwagen und dieser brachte Sophie in das Krankenhaus im Nachbarort. Meine Hausärztin war ziemlich erbost darüber und machte mir über Dritte Vorwürfe, weil ich den Krankenwagen selbst bestellt hatte und ließ mich wissen, dass sie ein solches Verhalten zukünftig unterbinden werde.

Die Ärzte behielten Sophie über Nacht im Krankenhaus. Ich verabschiedete mich von ihr und versprach, am nächsten Morgen wieder vorbeizukommen. Morgens erhielt ich einen Anruf der Oberschwester, die mir mitteilte, dass Sophie die ganze Nacht über nicht geschlafen hatte. Sie sei von Bett zu Bett gegangen, habe um Essen gebettelt und gesagt, wenn sie jetzt nicht ihre Mutter anrufen könne, dann wäre hier der Teufel los. Ich solle ihr zu Essen bringen und dann wisse ich schon, was zu tun sei. Ich hatte damals noch mein Bein in Gips und habe mich, mit Nahrungsmitteln bewaffnet, ins Krankenhaus fahren lassen. Sophie war zufrieden, als sie mich in der Türe sah und entgegnete, dass sie nur solange hierbleibe, wie das von mir mitgebrachte Essen reiche. Danach wolle sie sofort wieder nach Hause. Wenn es darum ging, ihren Willen durchzusetzen, konnte sie ziemlich rabiat sein, auch den Ärzten gegenüber. Ich bin dann später wieder ohne sie nach Hause gefahren. Am Tag danach rief ich schon am frühen Morgen das Krankenhaus an. Ich wollte wissen, ob Sophie die Nacht ohne Probleme verbracht habe und man entgegnete mir, dass mit ihr alles in Ordnung sei. Trotzdem verspürte ich innerlich eine gewisse Unruhe, die mich nicht losließ. Als ich abends wieder ins Krankenhaus fuhr, fand ich Sophie mit Schnappatmung im Bett vor. Der behandelnde Arzt gab mir zu verstehen, dass Lebensgefahr bestünde, da man das Loch noch nicht gefunden habe und sie bereits viel Blut verloren habe. Ich fragte ihn, was er zu tun gedenke und er antwortete: „Sie muß operiert werden." Als ich wissen wollte, wann, entgegnete er, sobald ein Operationssaal frei wäre. Ich gab ihm zu verstehen, dass ich ein Warten nicht dulde und wollte sie in ein anderes Krankenhaus verlegen lassen, wo ein freier OP war. Er wollte zuerst nicht darauf eingehen und ich bin daraufhin ziemlich unwirsch mit ihm umgegangen, aber die Situation ließ mir keine andere Wahl. Sophie hatte eine sehr seltene Blutgruppe, AB Rhesus Negativ, und das Krankenhaus hatte augenscheinlich keine ausreichenden Blutreserven für eine Transfusion. Der Arzt brachte nur zwei kleine Beutel mit Blut und gab mit gleichzeitig zu verstehen, dass dies auf keinen Fall ausreichen werde und in der Blutbank keine weiteren Reserven seien. Ich forderte ihn auf, sofort entsprechende Maßnahmen in die Wege zu leiten. Daraufhin rief er einen Krankenwagen. Als die die Sanitätskräfte beim Eintreffen noch Sophies Sachen in aller Ruhe einpacken wollten, war es mit meiner Beherrschung vorbei. Ich platzte heraus: „Hier besteht Lebensgefahr. Die Sachen kann ich auch später einsammeln. Los jetzt." Ich konnte Sophie nicht begleiten und bestellte mir daher ein Taxi. Als ich in der Klinik ankam, war Sophie nicht dort. Ich wartete und wurde immer ungeduldiger und rief auch im ersten Krankenhaus an, wo man mir jedoch nichts sagen konnte. Später teilte man mir mit, dass die Sanitäter unterwegs mehrere Stopps hatten, da Sophie mehrmals notversorgt werden mußte. So kamen sie erst spät abends in der Klinik an. Der Arzt, der Sophie operieren sollte, meinte zu mir, ich solle nach Hause gehen und er würde sich nach der Operation bei mir melden. Später rief er mich an und teilte mir mit, dass Sophies Magen ruptiert sei und dass man ihr den gesamten Darm habe herauslegen müssen, um den Bauchraum zu spülen – sie befände sich jetzt in einem künstlichen Koma. Als ich nach Sophies Chancen fragte, entgegnete er, er glaube nicht, dass sie noch einmal wach werde. Es war wohl zu spät.

Am nächsten Morgen begab ich mich auf die Intensivstation und die Ärztin ließ mich zu Sophie ans Bett. Als ich versuchte, mit ihr zu sprechen, sagte die Ärztin, dass Sophie mich nicht hören könne, da sie in Tiefnarkose gelegt worden sei. Ich habe sie daraufhin im Gesicht gestreichelt und ihre Hand genommen. So hielt ich sie eine Weile, nannte ihren Namen und sprach zu ihr, bis ich mit einem Mal spürte, wie sie ganz leicht meine Hand drückte. Das hatte mich sehr aufgewühlt und so fuhr ich völlig aufgelöst und unfähig, auch nur einen klaren Gedanken zu fassen, nach Hause.

Mein angehender Schwiegersohn Fritz kam mit meiner Tochter zu Besuch, da dies auch der Tag unserer Silberhochzeit war. Ich bat meinen Mann, sich um alles im Haus zu kümmern. Wir fuhren dann zu dritt in die Klinik. Während meine Tochter und mein Schwiegersohn unten warteten, hastete ich nach oben. Die Ärztin teilte mir mit, dass man Sophie noch tiefer habe in Narkose setzen müssen, dass sie davon jedoch nichts mehr mitbekommen habe. Ihr Herz habe vor einer Minute aufgehört zu schlagen.

Sophie verstarb als junge Erwachsene an einem Magendurchbruch. Das war ein schwerer Schlag für mich. Ich blieb dann noch eine Weile bei ihr und fuhr dann wieder nach Hause. Von dort aus rief ich Sophies leibliche Mutter an und sagte ihr, dass Sophie heute verstorben sei. Kurze Zeit später rief mich die Ärztin der Klinik an, um mir mitzuteilen, dass Sophies Mutter dort gewesen sei und sich unmöglich aufgeführt habe. Sie hatte nach Sophies Schmuck gefragt und wollte diesen mitnehmen. Ich entgegnete, dass sie der Mutter den Schmuck ruhig mitgeben könne. Sie lehnte jedoch ab und sagte, dass der Schmuck an mich zurückgehen würde. Ich habe dann die ganzen Sachen zu mir geholt und danach nochmals Sophies Mutter angerufen, aber sie meldete sich nie bei mir und hat auch den Schmuck nie abgeholt.

Nach der Rückkehr aus der Klinik hatte ich versucht, unsere Hausärztin telefonisch zu erreichen, was mir jedoch nicht gelang. Durch Dritte wurde ich informiert, dass die Ärztin angeblich durch die Todesnachricht betroffen sei. Sie würde sich später bei mir melden, was sie jedoch nie getan hat. Meine Fragen wurden jedoch bis heute nicht beantwortet.

Mein Mann und ich wollten Sophie in unserem Dorf beerdigen lassen und hatten dies auch Sophies Mutter mitgeteilt, die damit einverstanden war. Doch kurze Zeit später rief Sophies Halbbruder bei uns an und sagte mir wortwörtlich: „Ich soll Ihnen von meiner Mutter sagen, dass es unser Kind ist. Das ist meine Schwester und die Tochter meiner Mutter, Wir lassen sie bei uns in der Stadt beerdigen und wir wünschen nicht, dass Sie kommen." Daraufhin entgegnete ich, dass dies mehr als unverschämt sei, zumal sich von Seiten dieser Familie nie jemand um Sophie gekümmert hatte. Ich hatte auch damals eine Postkarte von Sophies Mutter erhalten. Sie schrieb, ich könne Sophie adoptieren, wenn ich wolle. Falls Sophie jedoch gesund sei, wäre sie, die Mutter, niemals mit dieser Adoption einverstanden.

Ich hatte mich beim Friedhofsamt nach meinen Rechten erkundigt, und von dort hieß, dass Sophies Mutter im Recht war. Sie konnte also tatsächlich darauf bestehen, dass Sophies Beerdigung in ihrer Stadt stattfindet. Nun gab es in dieser Stadt mehrere Friedhöfe und da mir Sophies Mutter nicht mitteilen wollte, wo Sophie beerdigt wird, versuchte ich, die Information beim Friedhofsamt zu erhalten. Von dort hieß es jedoch nur, man dürfe mir diese Auskunft von Gesetzes wegen nicht geben. Nach diesem Vorfall setzte sich mein Mann dafür ein, dass das Friedhofsgesetz geändert wurde. Zum Einen haben Pflegeeltern nun das Recht, zu entscheiden, wo ihre Pflegekinder im Todesfall beerdigt werden, zum Anderen besteht für die leiblichen Eltern, wenn sie selbst für die Beerdigung der Kinder sorgen, nun die Pflicht, den Pflegeeltern über den Standort des Grabes Auskunft zu geben. Nach der Gesetzesänderung habe ich erfahren, wo sich Sophies Grab befand. Ich habe sie besucht und mich von ihr verabschiedet.

Im Nachhinein möchte ich noch sagen, dass Sophie eine süße Göre und ein Sonnenschein war. Es war sehr schön mit ihr, zu sehen, wie sie sich entwickelte, wie sie sich freute, wie sie doch gerne gelebt hatte.

Zwischenwort

Also, wenn ich nur darf,
wenn ich soll,
aber nie kann,
wenn ich will,
dann mag ich auch nicht, wenn ich muss!

Wenn ich aber darf,
wenn ich will,
dann mag ich auch,
wenn ich soll.

Denn schließlich:
Die können sollen,
müssen wollen dürfen!

Nils

Nils kam im zarten Alter von drei Monaten direkt aus dem Krankenhaus in unsere Familie. Er hatte keine „Vergangenheit", so dass von dieser Seite her nichts aufgearbeitet werden musste. Seine Entwicklung verlief ohne Komplikationen. Wir ließen die leiblichen Eltern daran teilhaben, indem wir darüber berichteten und wir wurden auch regelmäßig von ihnen besucht. Die Fortschritte waren augenscheinlich und die leiblichen Eltern waren gut zufrieden damit.

Nils wurde ohne Arme geboren. Die Wachstumsfuge rechts war defekt, so dass das rechte Bein zwanzig Zentimeter kürzer ist als das linke. Nils besuchte ganz normal den Kindergarten, die Grund- und Hauptschule, das Gymnasium und schloss mit dem Abitur ab. Er hat zwischenzeitlich ein Hochschulstudium begonnen und wird dies demnächst mit Diplom beenden.

Auf Fragen, warum er denn keine Arme habe, antwortete Nils: „Ich bin so geboren." Bei der Lehrerschaft sowie bei den Erwachsenen schafften wir es zunächst gemeinsam, die Berührungsängste aufzulösen. Danach kam Nils auch alleine damit zurecht.

Als Nils ungefähr zwei Jahre alt war, haben wir darüber gesprochen, dass er ein Pflegekind ist. Am Ende des Gesprächs grinste er spitzbübisch mit einer Gesichtshälfte und meinte: „Ich weiß, warum Du mich genommen hast – weil ich so schön gelächelt habe."

Als wir umgezogen waren, wurde von dem Leiter einer großen Reha-Klinik in einem Arztbrief ausdrücklich darum gebeten, dass man dem Kind und mir Grüße übermitteln möchte. Ich habe mich darüber sehr gefreut.

Es ist schon toll, mitzubekommen, wie Nils sein Leben selbstbewusst und weitgehend selbstständig meistert. Er ist mein ganzer Stolz. Ich bin dankbar, dass ich es bin, die seine Mutter sein darf.

Richard

Richard kam im Alter von ungefähr fünf Jahren zu uns. Seine Eltern waren beide geistig behindert. Die Mutter war Hausfrau, der Vater war als Arbeiter bei einer Straßenbaufirma beschäftigt. Richards Mutter hatte ein Mutter-Kind-Heim aufgesucht, um dort ein Mädchen zu entbinden. Sie hatte Richard zur Geburt mitgenommen, da er nicht allein zu Hause bleiben konnte. Richard war ihr zweites Kind. Er hatte noch zwei Brüder, Stefan und Paul. Nachdem die Mutter ein Mädchen zur Welt gebracht hatte, verließ sie das Mutter-Kind-Heim nach wenigen Tagen und ließ Richard dort einfach zurück. Das Jugendamt wurde daraufhin von der Heimleitung informiert und nahm mit der Mutter Kontakt auf. Alle Versuche, die Mutter dahingehend zu bewegen, ihr Kind wieder abzuholen und mit zu sich nach Hause zu nehmen, scheiterten jedoch. Die Mutter argumentierte, sie habe jetzt ein neugeborenes Kind, um das sie sich kümmern müsse und könne den Richard daher nicht mehr gebrauchen, er sei ihr im Weg.

Ich hatte mich beim Jugendamt um die Aufnahme und Betreuung von geistig und körperlich behinderten Pflegekindern beworben. Die zuständige Sachbearbeiterin vom Jugendamt meldete sich damals bei mir und sagte, sie habe da ein Kind, das von seiner Mutter verlassen worden sei und das man in Pflegeobhut geben möchte. Alles, was ich zum damaligen Zeitpunkt von Richard wußte, war, dass er ungefähr fünf Jahre alt war und dass er von seiner Mutter in diesem Heim zurückgelassen worden war. Der Sachbearbeiter vom Jugendamt meinte, ich könne mir das Kind gerne zuvor anschauen, um zu sehen, ob es mir gefällt. Ich war über diese Art des Umgangs mit der Vermittlung von pflegebedürftigen Kindern schockiert, da ich schon damals den Eindruck gewann, das Jugendamt präsentiere die Kinder wie eine Art Zirkusaffen, die man sich ansieht, um sich dann, gemäß den eigenen Vorstellungen, für ein Kind zu entscheiden. Das hat mich doch sehr geärgert und ich habe der Sachbearbeiterin entgegnet, dass ich mir das Kind nicht vorher ansehen möchte, da es für mich absolut keine Rolle spiele, wie es aussehe. Über Richards Vorgeschichte gab es damals nur spärliche Aussagen von Seiten des Jugendamts. Voraussetzungen seitens des Jugendamts für die Aufnahme von Richard gab es keine, ich mußte lediglich dafür sorgen, dass Richard genügend Platz bei uns zu Hause hat und dass ein Bett für ihn vorhanden ist. Das Jugendamt stattete mir dann auch einen Besuch ab, um die Zustände vor Ort zu prüfen und danach bekam ich die offizielle Pflegeerlaubnis für Richard ausgestellt. Mit dieser Erlaubnis in der Tasche bin ich dann in das Mutter-Kind-Heim gegangen, um ihn dort abzuholen. Die Pflegekräfte haben ihn angezogen und ich fragte ihn, ob er denn auch mit mir kommen möchte. Er konnte kaum sprechen, weinte und hat dabei in die Hosen gemacht. Ich sagte zu ihm: „Das ist nicht schlimm. Zu Hause haben wir Hosen für Dich, dann ziehe ich Dich um." Und so verließen Richard und ich zusammen das Mutter-Kind-Heim.

Zu Hause habe ich dann gemerkt, dass sie ihm im Heim Schuhe angezogen hatten, die drei Nummern zu klein waren. Die habe ich ihm gleich ausgezogen. Dann bereitete ich für Richard und uns das erste gemeinsame Abendbrot zu. Es gab, unter anderem, auch Eier zu essen. Richard, so schien es mir, kannte keine Eier, aber er probierte sie mit großen Augen und sie schienen ihm zu schmecken. Er aß überhaupt alles, was ich ihm zubereitete, begleitet von kleinen Ausrufen wie „Ah" und „Oh". Es gab nichts, was er nicht probierte, ja, er schien alles zu mögen, was ich ihm vorsetzte. Es war Zeit, ins Bett zu gehen und ich war sehr gespannt, wie Richard auf meine Ankündigung, es sei nun Schlafenszeit, reagieren würde. Ich wußte ja nicht, ob er gerne schlafen ging, ob er es gewohnt war, alleine oder mit anderen Kindern zusammen in einem Zimmer zu schlafen. Ich brachte ihn also ins Bett erzählte ihm eine Gute-Nacht-Geschichte. Dann ließ ich die Türe zu seinem Zimmer leicht angelehnt. Kurze Zeit später bemerkte ich ein leichtes bis mittleres Brummgeräusch, das aus dem Zimmer kam. Als ich hineinging, um nachzusehen, hörte ich, dass Richard dieses brummende Geräusch von sich gab. Er war noch nicht eingeschlafen, wälzte sich unruhig von einer Seite auf die andere. Es half auch nichts, dass ich ihm gut zuredete, ihn in die Arme nahm und zu beruhigen versuchte. Sobald ich ihn wieder ins Bett legte, fing er nach einigen Minuten erneut an zu brummen. Das ging so lange, bis er eingeschlafen war. Dann schlief er jedoch die ganze Nacht problemlos durch. Beim Aufwachen fing Richard erneut an zu brummen und schlug dabei ständig mit dem Kopf gegen die Wand. Ich habe daraufhin die Wand rund um das Bett komplett mit Polstern versehen, damit er sich nicht verletzt. Das Brummen und das Schlagen mit dem Kopf gegen die Wand habe ich ihm nie abgewöhnen können. Es hat Jahre gedauert, bis dies eines Tages von allein aufgehört hat. Nachdem Richard nun die erste Nacht in unserem Haus verbracht hatte, rief ich am nächsten Morgen seine Mutter an, um ihr zu sagen, dass ich ihn aus dem Heim abgeholt hätte und dass er jetzt bei mir sei. Seine Mutter antwortete mir: „Das ist in Ordnung. Du gefällst mir." Damit war für sie die ganze Angelegenheit erst einmal erledigt. Mehr wollte oder konnte sie nicht sagen.

In einem Gespräch, das erst Jahre später zwischen uns stattgefunden hat, hat Richards Mutter mir gegenüber geäußert, dass Richard schon immer anders gewesen sei, dass er erst sehr spät laufen gelernt hätte. Auch dass er nie hätte essen wollen, immer komisch im Kinderwagen gelegen und schon als kleines Kind ein böser Junge gewesen sei. Seine Geburt sei jedoch völlig normal verlaufen. Ich schrieb diese Äußerungen ihrer geistigen Behinderung zu. Im Alter von 16 Jahren hatte sie die Sonderschule L (3. Klasse) verlassen, nachdem sie kurz zuvor ein uneheliches Kind (Christoph) zur Welt gebracht hatte. Richards Mutter wollte, dass

Christoph denselben Nachnamen wie die drei anderen Kinder bekommt. Zu diesem Zweck hatte sie eigens ein inoffizielles Schriftstück aufgesetzt, das sie Richards Vater vorlegte. Sie zwang ihn, es zu unterschreiben und somit Christoph zu adoptieren. Damit war der Fall für sie erledigt. Rückblickend kann ich sagen, dass Richards Mutter eine sehr energische und aggressive Person war, die durchaus in der Lage war, ihren Mitmenschen zu drohen, wenn diese nicht so reagierten, wie sie es sich vorgestellt hatte. Sie hatte immer eine kleine Eisenstange in Ihrer Handtasche, mit der sie auch drohte, zuzuschlagen. Einmal kam mir zu Ohren, dass sie angeblich ihren Mann mit einer Holzlatte in der Hand durch den Ort gejagt haben soll.

Richard konnte, als ich ihn bei mir aufnahm, kaum laufen, war spastisch und hatte große Schwierigkeiten mit dem Sprechen. Was mich bereits zu Beginn sehr erstaunte, war sein Riesenappetit. Er konnte bis zum Erbrechen essen, ging dann kurz auf die Toilette und danach aß er weiter, als ob nichts geschehen sei. Das ging ein paar Monate, bis es sich mit der Zeit wieder legte. Ich vermute, dass er früher zu Hause nur sehr wenig zu essen bekommen hatte und daher nicht wußte, wann er satt war. Ich kann mich noch erinnern, dass er sogar einmal aus dem Schulbus gesprungen ist, als er bemerkte, dass er seine Schulbrote zu Hause vergessen hatte. Die mußte er auf jeden Fall haben. Einmal hatte er Pilze gegessen, weil ihm Mitschüler sagten, dass er davon groß und stark werden würde. Daraufhin mußte ich mit ihm in die Klinik, da niemand wußte, was für Pilze er gegessen hatte. Der Arzt gab ihm eine übel riechende braune Flüssigkeit zum Trinken, die einen Brechreiz auslösen sollte, aber nichts geschah bei ihm, nur bei dem Arzt und mir. Ich habe ihm dann zu Hause ein Abführmittel gegeben und die ganze Nacht über ihn gewacht. Am nächsten Morgen war alles überstanden und ich schärfte ihm ein, nie wieder von diesen Pilzen zu essen. Seinen großen Appetit hat Richard jedoch bis ins Erwachsenenalter behalten.

Richard bekam drei Mal in der Woche Krankengymnastik nach der Bobart-Methode und machte gute Fortschritte beim Laufen. Diese Krankengymnastik mit Anbahnung der Körperfunktionen hat sich über einen Zeitraum von fünf bis sechs Jahren erstreckt. Ich erinnere mich, dass Richard immer gerne zur Krankengymnastik ging und er dort alle Übungen mit Freude ausführte. Dank intensiver Bemühungen fing Richard auch langsam an zu sprechen und sich zu artikulieren. Im Alter von siebeneinhalb Jahren wurde er eingeschult und besuchte zunächst die Sonderschule L. Dort blieb er jedoch nur ein Jahr, da er den Anforderungen nicht gewachsenen war und die Schule ihn einfach überforderte. Danach wechselte er dann in die Sonderschule für geistig Behinderte. Nach dieser Umschulung entwickelte er sich zusehends und ich merkte, dass dies die richtige Entscheidung gewesen war. Zu diesem Zeitpunkt war Richard ungefähr achteinhalb Jahre alt und ich fuhr mit ihm und den drei anderen Pflegekindern, die mir zwischenzeitlich anvertraut worden waren, ungefähr alle drei Monate in eine Fachklinik, um dort die erforderlichen Untersuchungen durchführen zu lassen. Zu diesen Terminen waren jeweils auch Kinderneurologen, Kinderärzte und andere Spezialisten anwesend und man untersuchte und überlegte gemeinsam, welche Schritte bei welchem Kind zu unternehmen seien und wie die weiteren Förderungen auszusehen hätten. Die Ärzte sagten mir bereits zu Beginn, dass Richards Gehirn nicht vollständig entwickelt sei und wir waren alle darüber erstaunt, wie er trotz dieser Behinderung sein Leben meisterte.

Ich bemerkte relativ früh, nachdem Richard zu mir gekommen war, dass er Tiere wie aus einer Art Zwang heraus quälte. Wir selbst hatten einen Dackel und eine Freundin meiner Tochter Dagmar besaß ein Meerschweinchen und einen kleinen Hasen. Richard besuchte eines Tages diese Freundin zusammen mit meiner Tochter. Während die beiden Mädchen in die Küche gingen, um Tee zu kochen, blieb Richard bei den beiden Haustieren. Als die beiden nach einer Weile wieder ins Zimmer zurückkamen, sahen sie, dass er die beiden Tiere gequält hatte. Nach diesem Vorfall ging ich mit Richard in psychiatrische Behandlung. Dort kam man nach umfangreichen Untersuchungen zum dem Ergebnis, dass Richard nicht therapierbar sei, da er nicht einsichtig sei oder sein könne. Ich habe ihn dann zu einem späteren Zeitpunkt zu einer Untersuchung in ein Kinderzentrum mitgenommen, wo er einige Wochen verbrachte. Aber auch von dort kam letztendlich die eindeutige Aussage, dass er nicht therapierbar sei, da es ihm, aufgrund der ihm angeborenen geistigen Behinderung, an der notwendigen Einsicht über sein Tun und Handeln fehle.

Richard besuchte weiterhin die Schule für geistig Behinderte und arbeitete in der Behindertenwerkstätte. Leider gab es bereits nach kurzer Zeit Probleme an der Schule. Richard war jemand, der gern im Mittelpunkt stand, der ständig Publikum um sich herum brauchte. Manchmal jedoch vergaß er seine Umwelt und Mitmenschen und es konnte geschehen, dass er sich in der Werkstätte eine Eisenstange ergriff und damit auf einen der Erzieher losging. Je mehr Menschen dabei um ihn herum waren, desto mehr fühlte er sich angespornt. Ich denke, er wollte sich dadurch von den anderen absetzen, sich profilieren, einfach im Mittelpunkt stehen.

Richard half mir oft bei der Fütterung der Pferde. Einmal war ich gerade dabei, Futter in die Kiste zu geben und mußte mich bücken, um einen schweren Sack hochzuheben, als Richard den Deckel der Kiste mit voller Wucht zuwarf. Dabei hatte ich mich so sehr an der Halswirbelsäule verletzt, dass ich vier Monate lang eine Stütze tragen mußte. Ich habe ihm das nicht übel genommen, denn er hat sich sofort danach bei mir entschuldigt und gesagt: „Mama, ich tu' das nie wieder." Ich weiß, dass es ihm leid tat, aber auf der anderen Seite war er eben so veranlagt. Ich nehme an, dass er einfach in seiner Kindheit so geprägt geworden ist. Auch die Ärzte und Psychiater gaben mit immer wieder zu verstehen, dass er nur therapiert werden könne, wenn er selbst einsichtig sei und diese Einsicht fehlte ihm eben.

Zehn Jahre später stand erneut ein Ortswechsel an. Danach bewohnten wir ein altes Bauernhaus mit einem großen Grundstück. Ein Handwerksbetrieb in unmittelbarer Nähe bot sich an, Richard für Hilfstätigkeiten einzustellen. Er hat dort auch einige Zeit gearbeitet, aber der Inhaber kam auf die Dauer nicht mit ihm klar. Richard hielt nicht viel vom Arbeiten. Er fuhr lieber bei den Kollegen im Auto mit und hörte begeistert Radio. Ab und zu kam es vor, dass die Kollegen Material benötigten und Richard für kurze Zeit alleine auf der Baustelle blieb. Dann zersägte er manchmal aus lauter Langeweile Eisenrohre, um sie hinterher mit Klebeband wieder zu kitten. Und das ging auf die Dauer nicht gut. So beendete der Firmeninhaber das Arbeitsverhältnis nach ungefähr einem halben Jahr.

Richard war ein Einzelgänger und hatte nur wenig soziale Kontakte, die auf den engsten Bekanntenkreis, auf die Behindertenschule und die Behindertenwerkstätte begrenzt waren. Er hatte Schwierigkeiten, sich auf längere Beziehungen einzulassen. Wenn ich ihn darauf ansprach, wich er mir jedes Mal aus und suchte die Schuld bei den anderen. Richards Beziehungen zu Mädchen waren dadurch gekennzeichnet, dass er diese nie direkt ansprach, sondern immer versuchte, über Dritte, wie zum Beispiel Erzieher, Kontakte zu knüpfen. Auch hier waren die Beziehungen nie von Dauer. Dies kennzeichnete auch sein Verhältnis zu den anderen Pflegekindern. Er wollte niemanden um sich herum haben, wollte alles für sich allein und vor allem das Sagen haben. Richard versuchte auch immer wieder, Macht über mich auszuüben, in dem er mir oft deutlich widersprach und mir bei einigen Gelegenheiten entgegnete: „Paß bloß auf. Ich bin stärker als Du." Einmal wollte er mich sogar verprügeln, weil er sich über mich geärgert hatte, aber meine scharfen Worte hielten ihn glücklicherweise davon ab. Ansonsten gab es nie körperliche Auseinandersetzungen zwischen Richard und mir oder zwischen ihm und meinem Mann. Sein Verhältnis zu mir war eher von verbaler Konfrontation geprägt, während er meinem Mann mit gehörigem Respekt entgegentrat.

Es gab eine kritische Zeit, als wir das Haus erweitern mußten und zu diesem Zweck das oberste Stockwerk ausbauten. Während der Umbauphase, die fast fünf Monate dauerte, mußte sich Richard mit Florian ein Zimmer teilen. Beide hatten ungefähr dasselbe Alter und da gab es natürlich Spannungen. Obwohl Florian eher ein ruhiger Typ war, ließ er sich von Richard oft genug provozieren und so waren Raufereien in dieser Zeit an der Tagesordnung. Richard neigte anfangs zu cholerischen Anfällen und ich habe ihn einige Male dabei beobachtet, wie er gegen die Wände trat oder das Spielzeug der anderen Kinder kaputt machte. Unsere eigene Tochter Dagmar hat Richard nie als Konkurrenz oder Belastung empfunden, wie auch nicht die anderen Pflegekinder.

Richard liebte Geburtstage und überhaupt alle Art von Feiern. Wenn ein Fest bevorstand, dann kümmerte er sich um das Schmükken des Tisches, besorgte Girlanden und richtete alles festlich her. Das gefiel ihm, da war er in seinem Element.

Richards einziger Kontakt zu seinem Vater war kurz. Die Firma, bei der sein Vater arbeitete, war gerade dabei, vor unserem Haus die Strasse zu teeren. Ich sagte zu Richard: „Schau mal, Richard, da draußen ist Dein Vater. Willst Du nicht mal rausgehen und ihm guten Tag sagen?" Und Richard ging hinaus und sagte zu seinem Vater: „Hallo Papa, hier bin ich." Sein Vater antwortete: „Ist gut. Du kannst wieder reingehen." Das war der ganze Kontakt, mehr wurde nicht gesprochen. Danach kam Richard wieder ins Haus zurück und schaute seinem Vater so lange zu, bis dieser seine Arbeit beendet hatte. Aber er ging nicht wieder hinaus zu ihm.

Richard war lange Zeit inkontinent, auch als er in die Schule kam. Es dauerte ungefähr ein Jahr, bis wir das einigermaßen in den Griff bekommen hatten. Ich habe ständig mit ihm geübt und ihn gelobt, wenn er einmal nicht in die Hosen gemacht hatte. Aber leider gab es auch viele Rückschläge. Auch später hat Richard noch in die Hosen gemacht. Er wollte nachts nicht auf die Toilette gehen, obwohl sich diese genau neben seinem Zimmer befand. Statt dessen suchte er sich lieber einen Eimer und wenn es nur der Putzeimer war, nahm diesen mit in sein Bett und urinierte in den Eimer. Danach leerte er den Eimer absichtlich im Bett aus. Manchmal nahm Richard auch seine Wolldecke und pinkelte in diese oder er kotete in irgendwelche Handtücher, die er danach sauber zusammenfaltete und in die Schränke legte. Diese Angewohnheiten verschwanden erst, als er zwischen einundzwanzig und zweiundzwanzig Jahre alt war. Auch das nächtliche Brummen verschwand erst in diesem Alter. Da die meisten der vorher durchgeführten Therapien bei Richard nicht angeschlagen hatten, sondern eher das Gegenteil bewirkten, vermute ich, dass in dieser Phase irgendeine Veränderung seiner Psyche stattgefunden hatte.

Es gab deshalb auch keine Therapien oder Psychiaterbesuche mehr. Nach wie vor mußte Richard in die Fachklinik, um seine Nierenerkrankung untersuchen zu lassen. Er hatte dabei noch Glück, dass er sich keiner Blutwäschen unterziehe mußte. Seinem Bruder Stefan, der dieselbe Krankheit hatte, war schon in frühen Jahren eine Niere entfernt worden. Richard wußte, dass er mit dieser Krankheit nur wenig trinken durfte und ich unterstützte ihn dabei, indem ich ihn ermunterte, statt dessen mehr zu essen. Das kam seinem großen Appetit auch sehr entgegen. In der Zeit, in der Richard bei uns war, gab es keinerlei Komplikationen mit der Niere.

Die mangelnde Einsicht, von der ich bereits anfangs sprach, zog sich dann auch wie ein roter Faden durch Richards Geschichte, solange er sich in meiner Pflegeobhut befand. Daraufhin habe ich selbst alles Mögliche versucht, aber leider ohne sichtbaren Erfolg. Ich dachte, dass sich das Quälen der Tiere sich mit der Zeit von selbst verliere, aber dem war leider nicht so. Auch unser Hund wurde von ihm gequält und ich mußte mehrmals zum Tierarzt, um ihn sogar nähen zu lassen. Der Tierarzt wollte ihn zuerst einschläfern, als er sah, in welchem Zustand der Hund sich befand, aber ich lehnte ab und entgegnete: „Nachdem der Hund so gequält worden ist, hat er jetzt wenigstens noch ein Recht auf eine Zeit ohne Qualen." Er starb dann ein knappes Jahr nach der Operation. Nach dem Besuch beim Tierarzt war bei mir die Grenze erreicht, wo ich mir sagte: „So kann und darf es nicht weitergehen. Wir müssen uns von Richard trennen." Ich konnte dieses Verhalten einfach nicht mehr tolerieren, es ging definitiv nicht mehr. Ich habe mich meinem Mann besprochen, der zu der Zeit sein vom Gericht bestellter Betreuer, sein Vormund war. Mein Mann hat ihm dann eine Stelle als Küchenhilfe in einem Hotel besorgt und Richard zog bei uns aus. Die Betreuung lief jedoch nach wie vor über uns. Richard führte in diesem Hotel auch kleinere Reparaturarbeiten durch und hackte manchmal auch Holz. Ab und an hörten wir von dort, dass er auch Sachen mit Absicht kaputt mache, um sie hinterher wieder reparieren zu können. Alles lief eigentlich ganz gut, bis nach ca. vier Monaten plötzlich Richards kleine Schwester bei uns zu Hause auftauchte und uns nach der Adresse des Hotels fragte. Wir hatten keine andere Möglichkeit, als ihr die Adresse zu geben, da die Mutter ja noch immer die Erziehungsberechtigte von Richard war. De facto wollte sie ihn vom Hotel weg und zu sich nach Hause holen. Den Grund dafür habe ich erst später erfahren.

Ich hatte auch Richards Bruder Stefan vorübergehend zur Betreuung bei uns und hatte in einem vertraulichen Gespräch mit dem Jugendamt geäußert, dass auch die restlichen Kinder aus der Familie herausgeholt werden müßten. Dort hatte man jedoch nichts Besseres zu tun, als der Mutter von diesem Gespräch zu berichten, was natürlich ihre spätere Reaktion zu einem gewissen Grad erklärt. Überhaupt hat man ständig versucht, mir Schwierigkeiten zu bereiten. Man wollte erreichen, dass Richard wieder zu seinen leiblichen Eltern zurückgeht und hat mir, wo es nur ging, Steine in den Weg gelegt. Ich wurde als Pflegemutter überhaupt nicht ernst genommen, mußte mir teilweise Äußerungen anhören wie: „Wenn man solche Kinder aufnimmt (und damit meinte man meine Pflegekinder), dann kann man nicht ganz dicht sein. Andere Menschen sehen zu, dass sie solche Kinder loswerden und sie nehmen mehrere davon bei sich auf." Und um es auf die Spitze zu treiben, schickte man mir eines Tages eine Vorladung zum Gesundheitsamt. Als ich dort eintraf, fragte mich der zuständige Arzt nach dem Grund meines Besuches. Ich erklärte ihm, dass ich Pflegemutter von behinderten Kindern sei und nur einer Vorladung des Jugendamtes Folge leiste. Es gehe um eine Untersuchung für Küchenpersonal, da ich für die Kinder koche. Der Arzt gab mir daraufhin zu verstehen, dass ein Hygiene-Gutachten über mich erstellt werden sollte, wie dies zum Beispiel auch bei Prostituierten geschieht. Er wundere sich, so der Arzt, über meine Vorladung, da dies in meinem Fall völlig überflüssig sei. Es war damals allgemein bekannt, dass man auch mit anderen Pflegemüttern so umging.

Zu Beginn meiner Tätigkeit als Pflegemutter habe ich mich allein, ohne meinen Mann, um die Amtsbesuche gekümmert. Später, als gewisse Personen in gewissen Ämtern mir immer mehr Schwierigkeiten und Unannehmlichkeiten bereiteten, wurde es mir dann zuviel. Ich wurde zu einer gütlichen Einigung vorgeladen, wo man mir letztendlich mitteilte, dass es mit dem Jugendamt immer Schwierigkeiten geben werde, da man dort behaupte, dass das Landesjugendamt in dieser Angelegenheit nicht weisungsbefugt sei. Eine Vermittlung zwischen den beiden schlug fehl und es gab viel Ärger hinterher. Ich hatte damals Streit mit einem der Mitarbeiter, der sehr cholerisch war. Mitten im Gespräch gab er mir plötzlich eine Ohrfeige. Ich gab diesem Mitarbeiter deutlich zu verstehen, dass dies die erste und letzte Ohrfeige gewesen war und dass er in Zukunft das Echo vertragen müsse. Später habe ich dann einen Anwalt eingeschaltet, der unsere Interessen vertrat. Dieser fand bei seinen Recherchen heraus, dass das Jugendamt damals nicht die Wahrheit gesagt hatte. Dort hieß es in einer internen Mitteilung unter anderem, dass Richard gar nicht behindert sei, sondern dass ich allein für seine und die Behinderungen der anderen Kinder verantwortlich sei. Daraufhin ließ ich ein Gutachten von einem anerkannten Spezialisten einer Fachklinik erstellen, welches das Jugendamt abfällig als reines Gefälligkeitsgutachten bezeichnete. Ich meldete dies natürlich sofort der Klinik, die auch prompt reagierte und die Sache richtigstellte. Als Konsequenz aus dieser ganzen Angelegenheit wurden gewisse Personen aus dem Jugendamt versetzt.

Als Richards Mutter ihren Sohn von diesem Hotel wegholte, gab mein Mann kurze Zeit danach auch die Betreuung ab, da Richard damals vor Gericht aussagte, er wolle jetzt allein leben und selbst für sich verantwortlich sein. Das Gericht hatte dem letztendlich zugestimmt. Keine zwei Wochen danach ging Richard wieder vor Gericht und verlangte, dass man ihn wieder unter unsere Betreuung stelle, was das Gericht jedoch ablehnte. Seine Mutter hat sich daraufhin allein um ihn gekümmert. Nachdem Richard weg war, wurden kurze Zeit später von einigen Bäckereien und einem Friseursalon aus der Umgebung und einem Forderungen in Höhe von ca. 800 DM an uns gerichtet. Richard hatte dort jeweils eingekauft und Dienste in Anspruch genommen, ohne zu bezahlen und behauptet, er werde dies zu einem späteren Zeitpunkt nachholen. Mir ist erst später zu Ohren gekommen, dass seine Mutter kurze Zeit danach unter tragischen Umständen verstarb. Sie saß angeblich mit Richard auf einer Parkbank, sackte plötzlich zusammen, mußte sich erbrechen und erstickte an ihrem Erbrochenen. Richards Bruder Stefan rief uns einige Zeit nach diesem Vorfall an und beschwerte sich bitterlich über ihn. Er könne nicht mit

Geld umgehen, wolle alles haben, aber nichts dafür tun. Er hatte Richard Schuhe gekauft und andere Sachen und wollte, dass ich ihn wieder finanziell unterstütze. Ich habe ihm geantwortet, dass dies jetzt nicht mehr gehe, da Richard erwachsen sei und selbst diese Entscheidung getroffen habe. Vor allem habe er unseren Hund so gequält, dass ich ihm nicht mehr verzeihen könne.

Zum Schluß, als wir uns von Richard verabschiedeten, habe ich ihm alles Gute für seinen weiteren Lebensweg gewünscht. Ich habe ihm gesagt, dass es mir leid tut, dass er die Kurve nicht gekriegt hat. Und dass er daran denken soll, an sich zu arbeiten. Er fing an zu weinen, sagte: „Mama, es tut mir leid. Das wollte ich nicht." Ich denke, er konnte einfach nicht anders, weil er von zu Hause auf irgendeine Art abgelehnt worden war, was ihn natürlich geprägt hatte. Dazu kamen die Erbanlagen als Sohn geistig behinderter Eltern. Ich hatte zwar viel erreicht und bekam auch seitens der Schule und von anderen Stellen viele positive Rückmeldungen, aber Richards geistige Möglichkeiten setzten seiner Entwicklung erhebliche Grenzen.

Ein halbes Jahr, nachdem seine Mutter verstorben war, versuchte Richard noch immer, Kontakt zu uns aufzunehmen. Sei es, indem er mit dem Fahrrad vor unserem Haus auf und ab fuhr oder durch Klingeln an der Haustüre. Das war das Letzte, was wir von ihm gehört haben. Ich habe noch von Nachbarn erfahren, dass man Richard im Nachbarort gesehen hatte, in Begleitung einer jungen Frau, wie er einen Kinderwagen schob. Danach habe ich nie wieder etwas von Richard gehört und ihn auch nie wieder gesehen.

Aurelie

Aurelie kam im Frühjahr zu uns in die Familie. Sie war zu diesem Zeitpunkt bereits ein junges Mädchen und von Geburt an spastisch gelähmt, geistig behindert und inkontinent. Aurelie lebte damals zwischen zwei Mülltonnen und dem Ofen im Rollstuhl, Tag und Nacht. Ein Bett hatte sie scheinbar nicht. In der Nacht muß sie mit dem Arm vom Rollstuhl abgerutscht sein und hatte sich dabei die Haut verbrannt. Auf der Eckbank im Wohnzimmer lag ein Pappkarton und darin befand sich eine Hündin mit ihren Welpen, die fiepten. Draußen war es sehr kalt und im Ofen brannte ein Feuer. Der Vater hatte die Ofentür geöffnet und als die Hündin wimmerte, warf er zuerst die Welpen und danach die Hündin in die Flammen. Er wurde daraufhin angezeigt und verurteilt.

Aurelies Eltern waren sozial schwach. Ihre Mutter hatte ich, im Gegensatz zu ihrem Vater, der alles andere als freundlich war und einen fürchterlichen Gestank an sich hatte, als eine eigentlich liebe Person kennengelernt. Sie gab mir zu verstehen, dass sie mit Aurelie so nicht mehr weitermachen könne, dass sie es nicht mehr aushalte. Daher wolle sie sie mir für eine Weile zur Pflege anvertrauen. Das Jugendamt war damit einverstanden und so erhielten wir die Pflegeerlaubnis. Ich holte also sie mit dem Auto ab und nahm sie während der Rückfahrt auf meinen Schoß. Aurelie war durch diese ungewohnte Situation ängstlich geworden und ihre Blase hatte sich versehentlich entleert. Ich sagte ihr, dass das nicht schlimm sei. Bei uns zu Hause angekommen, setzte ich sie zuerst einmal in die Badewanne, um den Gestank loszuwerden, der ihr anhaftete und um sie zu pflegen, da sie sich in einem ziemlich verwahrlosten Zustand befand. Nach dem Bad schwammen auch kleine schwarze Partikel im Badewasser und es stellte sich heraus, dass dies Läuse waren. Der Taxifahrer, der Aurelie gefahren hatte, mußte später erneut zu ihren Eltern, um ihren Rollstuhl abholen und kam erst viel später wieder zu uns. Als ich ihn nach dem Grund für die Verspätung fragte, meinte er, der Rollstuhl habe so verdreckt ausgesehen, dass er ihn so nicht in seinem Auto habe transportieren wollen. Er habe statt dessen die Eltern dazu aufgefordert, ihn erst gründlich mit heißem Wasser und Spezialreiniger zu schrubben, damit man auch die blaue Farbe wieder sehe, die unter all dem Dreck verborgen gewesen war.

Nachdem Aurelie einige Tage bei uns war, ging ich mit ihr auch zum Friseur. Sie wollte gerne Locken haben und ich erfüllte ihr diesen Wunsch. Sie war gerne schick angezogen und durfte sich die Kleider, die sie gerne haben wollte, auch selbst aussuchen. Aurelie konnte fast normal sprechen, man konnte sie gut verstehen. Sie kannte die Wochentage ganz genau und hatte so eine Angewohnheit zu fragen: „Welchen Tag haben wir heute?". Und sie wußte, wer von ihren Geschwistern, wie sie immer sagte, nach Hause kommt, wer wieviel Geld mitbrachte und was es zu essen gab.

Die Klinik hatte uns eine Krankengymnastin gestellt, die zunächst für ein Jahr zu uns nach Hause kommen sollte, um Aurelie weiter zu behandeln. Diese stellte gleich zu Beginn fest, dass etwas mit Aurelies Hüfte nicht stimmte und empfahl mir, die Klinik aufzusuchen. Dem Ratschlag folgend nahm ich Aurelie und suchte mit ihr die Klinik auf. Dort sagte man mir, dass ihr Hüftgelenk ausgekugelt sei und man sich nicht erklären könne, wie dies geschehen sei. Ich rief daraufhin Aurelies Vater an und fragte ihn, ob er mir sagen könne, was vorgefallen sei. Er wich jedoch aus und wollte sich dazu nicht weiter äußern. Spätere Nachforschungen ergaben, dass Aurelie wahrscheinlich von ihrem Vater und von ihrem Zwillingsbruder mißbraucht worden war.

Aurelie gab mir, nachdem sie sich bei uns eingelebt hatte, zu verstehen, dass alle ihre Gebrüder, wie sie es immer formulierte, bereits im Café gewesen seien, sie jedoch noch nie. Ich entgegnete ihr: „Gut, dann gehen wir mit Dir ins Café, ziehen Dir schöne Kleider an und nehmen alle anderen Kinder ebenfalls mit, damit Du das auch einmal kennen lernst." Das machten wir dann auch und Aurelie und die anderen Kinder hatten Ihre Freude daran.

Aurelie wünschte sich eine Puppe von mir, die ich ihr auch kaufte. Es war eine große Stoffpuppe, die sie sich ausgesucht hatte. Sie liebte diese Puppe sehr und nahm sie überall hin mit. Egal, ob es sich ums Spazieren gehen handelte oder um ins Bett gehen, die Puppe begleitete sie ständig. Aurelie wünschte sich noch einen großen Baukasten, den wir ihr dann auch kauften. Wir hatten eine extrabreite Fensterbank, an der sie immer mit ihrem Rollstuhl stand. Darauf spielte sie mit ihren Bausteinen. Ich fragte sie: „Aurelie, was machst Du da?", worauf sie antwortete: „Ich baue Dir meine Welt." Das dauerte den ganzen Tag und es war schön, zu sehen, wie beschäftigt sie war. Beim Greifen fielen ab und zu ein paar Bausteine um, aber sie ließ nicht locker und baute sie immer wieder neu auf. Am Abend war das Gebilde dann fertig. Und so ging das jeden Tag. Täglich sagte mir Aurelie:"Ich baue Dir meine Welt, damit Du das sehen kannst." Und dann ermunterte ich sie, das alles mit ihren eigenen Worten zu erklären, was mich sehr beeindruckte und begeisterte.

Aurelie hatte angeblich nie eine Schule besucht und ich vermute, dass sie bereits ganz früh ausgeschult, also vom Schuldienst freigestellt worden war. Sie fragte mich oft nach der Uhrzeit und wenn ich ihr zum Beispiel antwortete: „Es ist jetzt 17 Uhr", dann entgegnete sie: „Dann muß derjenige jetzt Bier holen gehen", und nannte mir den Namen. Ich nehme an, dass es in ihrer Familie so üblich war, dass die Kinder für die Eltern gewisse Dinge holen mußten, auch in der Nacht, denn Aurelie wußte ganz genau die Uhrzeiten, wann wer was holen mußte und wiederholte diese Äußerungen oft in unserer Gegenwart.

Aurelie lebte sich sehr schnell bei uns ein. Der Kontakt zu den anderen Kindern war sehr gut und alle spielten gut miteinander. Leider blieb Aurelie nur wenige Monate bei uns. Das Weihnachtsfest stand vor der Tür und ich hatte eine heftige Auseinandersetzung mit dem Jugendamt. Das Jugendamt, so hieß es zuerst in einem Telefongespräch und anschließendem Schreiben an mich, würde es begrüßen und unterstützen, wenn Aurelie, trotz bestehender Pflegeerlaubnis, wieder zu ihren leiblichen Eltern nach Hause käme. Ich fragte nach, ob dies nur für Weihnachten gelte und man sagte mir, das wisse man jetzt noch nicht, aber aller Wahrscheinlichkeit nach solle Aurelie für immer zu ihren Eltern zurück. Daraufhin legte ich beim Jugendamt Protest und sagte, dass man so nicht mit Pflegekindern umspringen könne. Das Jugendamt ließ jedoch nicht von seinem Vorhaben ab. Man versuchte, mich zu beschwichtigen, indem man das ganze zunächst scheinbar auf Weihnachten eingrenzte und wollte danach erneut mit mir darüber reden. Die Eltern, so hieß es damals, hätten noch das Sorgerecht und man könne daran zunächst nichts ändern. Aurelies Vater kam also in Begleitung ihrer Schwägerin zu uns nach Hause, um sie abzuholen. Ich hatte Aurelie ihren weißen Knautschlackmantel und die weißen Stiefel angezogen, die sie so sehr liebte. Aurelie nahm ihre Puppe und den Baukasten unter den Arm und wartete in der Küche. Sie war ungewöhnlich still. Als die Schwägerin eintrat und Aurelie so in ihrem weißen Mantel mit den weißen Stiefeln sah, rief sie aus: „Oh, der Mantel, der gefällt mir aber und die Stiefel dazu. Das ist ja passend für mich. Wenn Du erst zu Hause bist, brauchst Du ja sowieso nichts, dann bekomme ich diese Sachen. Und die Puppe und der Baukasten sind für meine Tochter. Du brauchst ja nichts, Du bist ja für diese Sachen viel zu alt." Da platzte mir der Kragen und ich wies sie aufs Heftigste zurecht. Ich erklärte ihr, dass dies Aurelies Sachen seien und dass sie, solange Aurelie sich bei mir befände, kein Recht hätte, ihr diese Dinge wegzunehmen, da die Schwägerin bereits ihre Hand nach der Puppe und dem Baukasten ausgestreckt hatte. Ich war außer mir und herrschte sie an, was ihr einfiele, sich in meinem Haus so zu benehmen und verlangte von ihr, dass sie die Sachen Aurelie sofort wieder zurückgebe. Die Schwägerin ließ die Sachen los und meinte, das könne man auch später daheim regeln. Aurelie schaute währenddessen weg und ich fragte mich, was gerade in ihrem Kopf vorging. Und dann legte sie die Spielsachen wieder ab. Der Vater sagte, das Auto warte bereits draußen und sie müßten jetzt gehen. Er nahm Aurelie und trug sie ins Freie. Ich werde nie vergessen, wie sie mich anschaute. Vier Wochen später verstarb Aurelie. Sie wollte wohl nicht mehr leben. Sie hatte aufgegeben.

Zwischen ihrem Abschied und dem späteren Tod hatte ich noch um Aurelie gekämpft, da sie mir doch sehr am Herzen lag. Ich hatte sowohl beim Jugendamt als auch beim Gesundheitsamt angerufen, um Bewegung in die Sache zu bringen. Von dort hieß es jedoch ganz lapidar, man habe der Familie nach einer Woche einen Kontrollbesuch abgestattet, habe aber nichts Auffälliges feststellen können. Aurelie sähe gut und gepflegt aus. Ich entgegnete, dass man doch wohl nach nur einer Woche kein abschließendes Urteil abgeben könne, aber man gab sich weiterhin ziemlich verständnislos über meine Besorgnis nach Aurelie Wohlergehen. Man gab mir zu verstehen, dass es trotz allem auch eine Kostenfrage wäre und so wie die Dinge jetzt lägen, wäre Aurelie bei ihren leiblichen Eltern gut aufgehoben. So wich man meinen Einwänden weiterhin systematisch aus. Von Aurelies Tod habe ich vier Wochen später durch einen Anruf des Jugendamts erfahren. Ich war traurig und zornig und gab dem Jugendamt offiziell die Schuld an Aurelies Tod, der nicht hätte sein müssen. Nach diesem Vorwurf hatte man von Seiten des Jugendamts jeglichen Kontakt zu mir eingestellt. Ich erfuhr auch nie, was die genaue Todesursache gewesen war. Ich hatte zwar versucht, an Informationen zu gelangen, aber man verweigerte mir jegliche Auskunft.

Abschließend möchte ich sagen, dass Aurelie sich in der kurzen Zeit, in der sie bei uns war, sehr wohlgefühlt hat. Sie durfte leben, an allem teilhaben und mußte nicht, wie das früher der Fall war, nur von anderen erfahren, was draußen in der Welt passierte. Es hat mich sehr beeindruckt, wie sie nie müde wurde, mit den Bausteinen ihre Welt zu bauen, wie sie dabei erzählte und ihre Phantasie spielen ließ. Ich kam dann immer zu ihr und bewunderte ihr Bauwerk. Aurelie durfte bei uns ihre eigenen Erfahrungen machen, doch leider durften wir sie dabei nicht lange begleiten.

Britta

Britta kam über einen Pflegeverband in unsere Familie. Sie war damals sechs Jahre alt und wurde von einer Mitarbeiterin des Jugendamts zu uns gebracht. Britta war eine Frühgeburt, spastisch gelähmt sowie stark geistig behindert. Sie galt als hochgradig schwieriges Mädchen. Wenn ihr zum Beispiel etwas nicht passte, so drückte sie ihren Unmut dadurch aus, dass sie sich erbrach. Niemand wollte sie zur Pflege haben. Die Zusammenarbeit mit dem zuständigen Jugendamt, war sehr kooperativ und fruchtbar. Es war, nach all dem, was wir bisher auf diesem Gebiet erlebt hatten, irgendwie erholsam.

Selbstverständlich wurden von uns alle Therapiemaßnahmen ergriffen. Auch die Teilnahme am Leben kam nicht zu kurz. Britta suchte intensiven Körperkontakt, auch beim Essen, und deshalb nahm ich sie beim Füttern entweder auf meinen Schoß oder legte sie halb in meinen Arm. Sie lernte bald darauf alleine zu essen und erfasste alles mit den Augen. Ich wusste auch immer, was sie wollte. Britta saß im Rollstuhl und besuchte später auch die Schule für Körperbehinderte. Sie lernte relativ schnell und es war eine Freude, ihre Entwicklung zu verfolgen.

Als wir einmal eine Bootsfahrt unternommen hatten, muss dadurch irgendetwas in ihr ausgelöst worden sein, denn sie schrie nach diesem Ausflug vier Tage und vier Nächte ohne Pause. Dabei vergoss sie keine Träne. Sie war durch nichts zu beruhigen. Selbst die Medikamente, die ihr von den Ärzten verordnet worden waren und die ich ihr rektal verabreichen musste, zeigten keinerlei Wirkung. Am vierten Tag schlief Britta endlich ein, wahrscheinlich vor Erschöpfung. Erstaunlich war diese Kondition schon.

Mit Brittas Eltern hatten wir keinerlei Kontakt. Sie haben sich in den sechs Jahren, in denen sie bei uns war, nie gemeldet. Über Brittas Entwicklung waren alle Beteiligten zufrieden. Ich erinnere mich, dass Britta ein liebenswertes Mädchen war und empfand sie überhaupt nicht als schwierig. Das besagte Erbrechen hörte nach ungefähr zwei Monaten auf. Auch die anderen Schwierigkeiten lösten sich im Laufe der Zeit oder Britta hatte gelernt, diese in den Griff zu bekommen. Britta war, bevor sie zu uns kam, in verschiedenen Heimen und lange im Krankenhaus, da sie sehr krank war. Sie muss, in meinen Augen, eine ziemlich starke Persönlichkeit gewesen sein, denn sonst hätte sie das alles nicht überlebt.

Ulrich

Ulrich kam im Sommer zu uns. Er war das zweite Kind, das wir zur Pflege aufnahmen und kam aus einem privaten Kinderheim, das zu dieser Zeit traurige Schlagzeilen machte. Eine Ärztin, die sich damals auch um die Kinder dieses Heims kümmerte, hatte sich nach dem dritten toten Kind geweigert, den Totenschein auszustellen. Es ging durch die gesamte Presse, dass in diesem Heim drei Kinder verhungert waren, und die Bilder, die damals veröffentlicht wurden, waren schrecklich und unfaßbar. Neunzehn Kinder teilten sich drei Räume, Bett an Bett. Es gab kein Bad, keine Lampen an den Decken, kein Gardinen an den Fenstern, kein Bettzeug. Die Kinder hatten kein Spielzeug. Das Personal in diesem Heim bestand zum größten Teil aus Hilfskräften. Die Kinder wurden nur mit Eimer und Waschlappen gewaschen. Ich hatte damals mit der Heimleiterein Kontakt aufgenommen und mich um die Aufnahme von Ulrich beworben. Sie gab mir zu verstehen, daß es sich bei dem Heim eigentlich um ein Säuglingsheim handle, und da Ulrich bereits acht Jahre alt sei, könne ich ihn zu mir nehmen. Allerdings müsse ich zuvor beim Jugendamt die Pflegeerlaubnis beantragen. Ich setzte mich also mit den dortigen Mitarbeitern in Verbindung und man fragte mich, ob ich mir die Pflege dieses Kind auch zutraue, was ich bejahte.

Die Besitzerin des Kinderheims wurde nach der Schließung des Heims angeklagt und zu einer Bewährungsstrafe von neun Monaten verurteilt. Eine junge Frau aus dem Nachbarort, die als Pflegekraft in diesem Heim gearbeitet hatte, erhängte sich wenig später. Ich vermute, dass sie mit den ganzen Umständen und Geschehnissen nicht fertig wurde.

Ulrich galt, als wir ihn aufnahmen, als schwer aggressiv. Die Diagnose, die die Ärzte damals gestellt hatten, lautete auf Apallisches

Syndrom nach Meningitis. Er hatte ungefähr sechzig bis achtzig sogenannte Schreitouren am Tag und in der Nacht, wo er einfach nur geschrieen hat. Von Seiten des Heims hatte man mir empfohlen, ihm drei Mal täglich zwei Valium-Tabletten zu verabreichen, um ihn zu beruhigen. Das habe ich jedoch nicht gemacht. Ich habe ihm statt dessen, wenn es ganz schlimm wurde, entweder Essig oder Zitronensaft gegeben und habe ihm dann eingeredet, wenn er es auch nicht verstand, dass dies Medizin sei. Dabei habe ich ihn am Stirnansatz sanft gestreichelt und meistens half das beim Einschlafen. Da man mir gesagt hatte, dass Ulrich es gewohnt sei, jegliche Art von Medizin nur mit einem Löffel zu sich zu nehmen, hatte ich mir für diese Zwecke eigens einen kleinen Plastiklöffel besorgt, welcher dann bei uns zu Hause offiziell als der Medizinlöffel galt. Das Schreien hörte nach ungefähr einem halben Jahr auf.

Als Ulrich zu uns gebracht wurde, zog man ihn wie einen nassen Sack hinter sich her und lies ihn erst im Kinderzimmer wieder los. Er fing an zu schreien und ich merkte, dass er mit der neuen Situation völlig überfordert war. Er kannte ja nur den großen, kalten Raum aus dem Heim, in dem er sich ständig mit den anderen Kindern zusammen aufgehalten hatte. Und dort hatte er auch lange Zeit auf dem blanken Lattenrost geschlafen, ohne Matratze. Es dauerte auch einige Zeit, bis ihm die neue Umgebung vertraut war. Grosse Gebäude mochte er überhaupt nicht, diese machten ihm Angst. Ulrich war am ganzen Körper stark behaart, verlor diese Haare jedoch ungefähr drei Wochen, nachdem er zu uns gekommen war.

Ulrichs Eltern waren einfache, kinderreiche Leute. Seitens des Jugendamts hatte man der Mutter das Kind damals mehr oder minder mit der Begründung abgesprochen, Ulrich sei behindert und sie würde damit nicht zurecht kommen. Die Mutter beließ ihn daraufhin im Alter von ungefähr sechs Monaten zur Pflege in diesem Heim, wo er beinahe acht Jahre verbrachte. Ulrich war von der Statur her klein und ich werde nie vergessen, wie ich ihm seine ersten Schuhe kaufte. Größe dreiundzwanzig für einen achteinhalbjährigen. Ulrich begleitete mich ständig, bei allem was ich tat, egal wo ich war. Ich ging mit ihm spazieren, nahm ihn im Auto mit, ging mit ihm ins Schwimmbad und unternahm überhaupt sehr viel mit ihm. Für mich war es wichtig, ihm die Welt zu zeigen, eine Welt, die er so zuvor ja nicht kennen gelernt hatte. Auf das Bett in seinem Zimmer hatte ich ihm auf die Innenseite der Bretter kleine Figuren gemalt, damit er etwas zum Betrachten hatte, wenn er in seinem Bett lag und ich hatte ihm schöne Bettwäsche besorgt. Ulrich betrachtete alles mit Freude und es schien, als ob er abwartete, was es da noch so alle gäbe. Er trank zu Beginn noch aus der Flasche, da er vom Heim her ja keine feste Nahrung gewohnt war. Durch intensivste Krankengymnastik nach der Bobarth-Methode und durch Mund- und Eßtherapie lernte er feste Speisen kauen und auch sprechen. So machte Ulrich mehr und mehr Fortschritte.

An einem Sommertag waren wir zum Ponyreiten auf einem Reiterhof. Da es sehr heiß war, konnten die Ponys nicht geritten werden und man bat uns, bis zum späten Nachmittag auf der Wiese zu warten. Ulrich konnte zu diesem Zeitpunkt bereits ganz gut essen und ich beobachte ihn dabei, wie er sein Brot verzehrte. Plötzlich nahm er den Belag vom Brot, pflückte Gras und belegte damit das Brot.

Eines der ersten Worte, die Ulrich sagen konnte, war „Mama". Zu diesem Zeitpunkt war er bereits ein halbes Jahr bei uns. Er freute sich über jedes neue Wort, das er lernte und sagen konnte. Im Laufe der Zeit hatte Ulrich ungefähr fünfzig verschiedene Gesten, Laute und Worte wie zum Beispiel „Papa", „Ja" oder „Nein" gelernt, über die er mit seiner Umwelt kommunizierte. Dazu gehörten auch Laute, die er ausstieß, wie zum Beispiel „Pff, Pff", wenn er jemanden sah, der rauchte oder „Tüt, Tüt", wenn er ein Auto hupen hörte. Als dann mein Mann verstarb, sprach Ulrich nie wieder das Wort „Papa" aus. Es erlosch einfach. Er verlor auch das Wort „Mama" und seinen gesamten restlichen Wortschatz, als er uns nach dreißig Jahren verlassen mußte, weil man ihn von uns weg in ein Heim verlegen mußte.

Ulrich konnte mit der Zeit ein bis zwei Schritte frei laufen. Jetzt, im Alter von neun Jahren und bei einer gewissen Körpergröße, fiel es ihm sichtlich schwer, seine Angst zu überwinden, da die Distanz zwischen seinen Augen und dem Boden zu groß war. Ich hatte allerdings bald eine Möglichkeit gefunden, wie ich ihn dazu bringen konnte, wenigstens ein paar kleine Schritte zu tun. Ich steckte ihm meinen Finger in den Rücken, der für Ulrich so etwas wie einen Halt oder Orientierungspunkt darstellte. Sobald er diesen Finger spürte und ich zu ihm sagte – „Jetzt halte ich Dich fest", lief er ein paar Schritte los. Diese Gehversuche wurden von intensiver Krankengymnastik und regelmäßigen Kontrolluntersuchungen in der Fachklinik begleitet und dort war man mit den Fortschritten, die er machte, sehr zufrieden. Es war allerdings ein Schock für mich, als ich mit Ulrich, der zu diesem Zeitpunkt etwas über neun Jahre alt war, zum ersten Mal die Fachklinik besuchte. Bei der Kontrolluntersuchung stellte man fest, dass die Diagnose, die die Ärzte damals gestellt hatten, offensichtlich falsch war. Die spätere, richtige Diagnose wurde nie bekannt gegeben, sondern verschwand mit den Akten im Archiv.

Erst später erfuhr ich, was passiert war, als seine Mutter mir den genauen Hergang in einem Telefongespräch schilderte. Ulrich war damals auf Grippe behandelt worden. Als sich sein Zustand nicht besserte, brachte man ihn mit dem Rettungswagen in die Klinik. Dort diagnostizierte man eine Hirnhautentzündung und stellte fest, dass sich bereits größere Mengen an Eiter im Gehirn befanden. Nachdem alles ausgeheilt war, kam er ins das Kinderheim. Von dort aus wurde Ulrich später erneut zu einer Untersuchung in die Klinik gebracht. Die damals anwesenden Spezialisten, die man zu Rate gezogen hatte, diagnostizierten „Apallisches Syndrom nach Meningitis", was ja, wie gesagt, eine Fehldiagnose war. Im Nachhinein betrachtet kann ich nur vermuten, dass es sich bei Ulrich im Grunde um ein liegengelassenes Kind gehandelt hatte, das keiner wollte, weder die Eltern noch die damalige Heimleitung und das sich deshalb auch nicht entwickeln konnte.

Ich hatte Ulrich zu Beginn vorübergehend stundenweise in einem katholischen Kindergarten untergebracht. Eines Tages jedoch sprachen mich die Nonnen an und sagten, Ulrich würde beim Wickeln die Beine anziehen und die Person, die ihm die Windeln wechseln wolle, wegstoßen. Sie könnten ihn daher nicht zusammen mit den anderen Kindern betreuen und ich solle ihn doch besser in eine betreute Einrichtung für behinderte Kinder geben. Daraufhin platzte mir der Kragen und ich hatte ein ernstes Gespräch mit der Leitung. Ulrich verließ dann den Kindergarten. Später versuchte ich, ihn für den Schulbesuch anzumelden und hatte zu diesem Zweck einen Termin mit dem Schulleiter vereinbart. Ich legte ihm dar, dass Ulrich zwischenzeitlich spielen konnte, dass er bereits Bausteine aufeinander setzen und greifen konnte. Er nahm die Welt um sich herum wahr, hielt sich gerne in der Natur auf und entwickelte sich zusehends. Das Gemeinschaftsleben war ihm ebenfalls nicht fremd, da er zu Hause mit jedem auf irgendeine Art und Weise kommunizierte und auch zeigen konnte, wenn er jemanden mochte oder nicht mochte. Der Test, den der Schulleiter daraufhin mit Ulrich machte, brachte als Ergebnis einen IQ von mehr oder weniger null hervor und man gab mir klar zu verstehen, dass damit die Mindestvoraussetzungen für eine Aufnahme an der Schule, nämlich ein IQ von vierzig, nicht erfüllt seien. Daher sei eine Einschulung nicht machbar. Kurze Zeit danach erhielt ich vom Oberschulamt ein Schreiben, in dem man mir mitteilte, dass Ulrich ausgeschult sei, dass für ihn keine Schulpflicht bestehe. Uns blieb daraufhin nichts anderes übrig, als Ulrich auf unsere eigene Art und Weise zu fördern.

Ulrich war auch ganz glücklich und konnte mittlerweile, im Alter von beinahe neuneinhalb Jahren, krabbeln und rollen. Er lief später auch alleine durch das Haus, indem er sich an den Wänden festhielt. Lichtschalter an- und ausmachen war seine Spezialität und es gab darüber hinaus allerlei Dinge, die er im Laufe der Zeit für sich entdeckte. Ulrich war ein richtiger Sonnenschein. Er hatte zwischenzeitlich mit Hilfe eines Speziallöffels und eines Tellers mit Tellerrand auch gelernt, alleine zu essen. Das Essen war ohnehin eine seiner Lieblingsbeschäftigungen. Ulrich hatte sehr schnell herausgefunden, dass Kinder, wenn sie krank sind, erhöhte Aufmerksamkeit von den Erwachsenen bekommen. Daher war es um so verständlicher, dass er auch des Öfteren sehr gerne krank war. Er kam dann ins Wohnzimmer, mit einer Decke und einer Flasche Tee bepackt und wurde von allen umsorgt und geherzt. Das gefiel ihm sehr.

Ulrich hatte von Anfang an eine Abneigung gegen alle Maßnahmen, die man in der Klinik durchführte. Diese Ablehnung richtete sich ganz besonders gegen alle Arten von Hilfsmitteln, die ihm dort verschrieben wurden. Er hatte einen Haltungsschaden, der sich darin zeigte, dass sein Oberkörper relativ stark nach vorne gebeugt war. In der Klinik hatte man ihm daher zur Korrektur eine Beckenapparatur mit Stab und rundem Eisen angepaßt, die seinen Oberkörper wieder zurückdrücken sollte. Leider war diese Maßnahme nicht von Erfolg gekrönt. Später hatte man versucht, ihn in ein Gipskorsett zu legen, um die Spastik zu beseitigen und den Spitzfuß zu korrigieren. Das Korsett spreizte die Beine auf neunzig Zentimeter und Ulrich stand trotzdem jeden Morgen mit diesem angelegten Korsett im Bett. Dabei hielt er sich oben am Gitter fest und manchmal konnten wir nicht umhin, zu lachen, als wir ihn da so stehen sahen.

Der Professor, der Ulrich das Korsett damals angepaßt hatte, wurde wie ich später erfuhr, wegen Unstimmigkeiten mit seinem

Personal aus der Klinik entlassen. Ich hatte mich damals noch nach ihm erkundigt und man entgegnete mir nur, man habe ihn ins Gesundheitsamt versetzt, damit er keinen Schaden mehr anrichte. Auf meine Frage, ob Ulrich das Gipskorsett weiterhin tragen müsse, hatte man mir erwidert, das sei ganz allein meine Entscheidung. Daraufhin verbannten wir es ab sofort aus unserem Haus. Für die Krankengymnastik, die auch bei seinem Spitzfuß sehr gut anschlug, kam eigens eine Therapeutin zu uns nach Hause. Sie leitete mich an, damit ich die Übungen auch ohne ihre Hilfe mit den Kindern machen konnte. Das war zwingend erforderlich, denn die Kinder konnten nicht genug Krankengymnastik bekommen.

Mein Mann kümmerte sich auch liebevoll um die Kinder und verbrachte, wann immer es ging, viel Zeit mit Ihnen, trotz seiner beruflichen Abwesenheit tagsüber. Wenn er abends nach Hause kam, gab es zunächst ein gemeinsames Abendessen. Nach dem Essen versteckten sich die Kinder oft und mein Mann mußte sie dann im Haus suchen. Alle hatten dabei ihren Spaß. Geschichten wurden vorgelesen und es wurde viel mit den Kindern gespielt. Mein Mann arbeitete dann oft noch am Wochenende, um Sachen zu erledigen, die unter der Woche liegen geblieben waren. Später, als die Arbeit mit den Kindern zunahm und wir mehr und mehr Korrespondenz mit Behörden, Kliniken und sonstigen Einrichtungen zu erledigen hatten, habe ich meinen Mann gebeten, zu Hause zu bleiben.

Das Verhältnis von Ulrich zu den anderen Kindern war sehr gut, denn alle empfanden sich als Geschwister. Wir waren im Grunde eine ganz normale Familie, aber eben mit behinderten Kindern. Das war der einzige Unterschied zu jeder anderen Großfamilie. Auch untereinander sprachen die Kinder immer nur von Mama und Papa, Bruder und Schwester. Das Wort Neid kannten und kennen wir alle nicht.

Ulrich hatte einen Freund mit Namen Leo, den er eines Tages auf dem Spielplatz kennengelernt hatte und dessen Namen er auch aussprechen konnte. Leo war zu diesem Zeitpunkt vier Jahre und Ulrich zehn Jahre alt. Er kam danach immer wieder zu Besuch, um mit Ulrich zu spielen. Leider zog Leo mit seinen Eltern eines Tages weg. Was die Beziehungen zu anderen Menschen betraf, so gab es für Ulrich nur „den mag ich" und „den mag ich nicht." Dazwischen gab es nichts. Er zeigte auch offen seine Sympathie oder Abneigung gegenüber anderen Menschen. Wenn er jemanden nicht mochte, so drehte sich Ulrich einfach um und kehrte demjenigen den Rücken. Auch die Mitarbeiter vom Jugendamt mochte er nicht. Wenn diese einmal zu Besuch kamen und Ulrich die Hand geben wollten, so drehte er sich um. Er durfte sich das erlauben.

Ulrichs Eltern habe ich nie gesehen. Sein leiblicher Vater rief einmal bei uns an und meinte, seine anderen Kinder hätten den Dachboden seines Hauses abgebrannt und er möchte Ulrich jetzt zu sich nach Hause holen. Er wollte ihn dann zu einem Bauern zum Arbeiten schicken, da behinderte Kinder seiner Meinung nach auf einem Bauernhof am Besten aufgehoben seien. Und mit dem Kindergeld, das ihm dann zustünde, könnte der Brandschaden bezahlt werden. Ich glaube, der Schaden belief sich damals auf ungefähr 600 DM und ich entgegnete ihm, dass das Kindergeld dafür nicht ausreichen würde, da ein Großteil davon bereits für Windeln draufgehen würde. Daraufhin nahm der Vater sofort Abstand von diesem Vorhaben und ich habe nie wieder etwas von ihm gehört.

Ulrich entwickelte sich langsam, aber stetig. Sein Lieblingsplatz in unserem Haus war in der Nähe der Küche. Dort hielt er sich immer auf. Er wußte dann ganz genau, wann das Essen fertig war, wann Kartoffeln geschält waren, wann sie auf den Herd kamen und wann die anderen Lebensmittel vorbereitet wurden. Ich glaube, er hatte schon immer ein Bauchgefühl dafür, wann das Essen fertig war und er genoß den Essensduft. Ulrich kannte den gesamten Tagesablauf ganz genau, egal, ob wir spazieren gingen, ins Café oder ins Schwimmbad gingen. Er freute sich dann jedes Mal und teilte uns allen seine Freude lautstark, eben in seiner ihm eigenen Art, mit. Wenn es einmal einen Lutscher für ihn gab, dann hatte er ihn so schnell gegessen, dass man sich beeilen mußte, um ihm den Stil wegzunehmen, denn er meinte, den könne man mitessen. Ulrich hörte sehr gerne Musik und er konnte alle Kinderlieder mitsummen. Später hatte er auch gelernt, einen Liedanfang zu summen, bevor das Lied auf der Kassette begann.

Ulrich liebte es sehr, mit meinem Mann auf der Kutsche mitzufahren. Unseren Hund Capso, einen Bernhardiner, mochte er auch, den hatte er immer gestreichelt. Als der Hund damals noch klein war und nicht so weit laufen konnte, setzte ich ihn in den Kinderwagen auf Ulrichs Schoß. Erst streichelte er ihn etwas zu fest, was dem Hund gar nicht gefiel, aber mit der Zeit wurden die Streicheleinheiten sanfter und die beiden hatten sich gut aneinander gewöhnt. Als unser Hund dann größer wurde und nicht mehr in den Kinderwagen paßte, fand Ulrich das überhaupt nicht gut.

Ulrich war insgesamt ein glückliches und zufriedenes Kind. Nur zu Beginn, als wir ihn bei uns aufnahmen, zeigte er noch diese schwer aggressiven Züge. Immer, wenn ich ihn auf den Schoß nahm, fing er an, mit dem Kopf zu schlagen. Dann setzte ich ihn auf den Boden und sagte ihm, dass es so nicht gehe. Am Anfang schlug er auch mit seinem Hinterkopf auf den Boden und zog sich dabei mehrmals Platzwunden am Hinterkopf zu. Mit der Zeit ließ aber auch das nach, bis es schließlich ganz aufhörte. Ich denke, das war Ulrichs Art, sich zu Dingen zu äußern und sich zu wehren, wenn er mit etwas nicht fertig wurde. Es dauerte ungefähr zwei Jahre, bis dies sich legte. Ulrich musste alles erst erkennen und erfassen. Wenn wir draußen waren, dann berührte er Gräser und

Sträucher, alles Dinge, die er vom Heim her nicht kannte. Schöne Momente gab es auch, wenn der Wind kam. Ich verband ihm dann manchmal die Augen und streichelte ihn. Dann setzte ich ihn mit verbundenen Augen nach draußen und als der Wind kam, sagte ich zu Ulrich: „Das ist der Wind, der streichelt Dich jetzt." Daran fand er großen Gefallen.

In einer früheren Diagnose hieß es noch, dass Ulrich autistische Züge hätte, aber darüber bin ich mir nicht sicher. Aus heutiger Sicht komme ich zu dem Schluß, dass entweder die Diagnose nicht stimmte oder aber dass diese autistischen Züge über unseren Hund Capso verschwanden. Ulrich hatte jedes Mal, wenn Capso auf seinem Schoß saß, die Augen auf ihn fixiert und lernte so über bzw. mit dem Hund seinen Blick zu fixieren.

Ulrichs Pubertät verlief ohne nennenswerte Zwischenfälle. Die Kommunikation mit den anderen Kindern fand meist über das Spielen statt. Er liebte es auch, in der Zeitung zu blättern und dabei hatte es ihm ein bestimmtes Wochenmagazin besonders angetan. Darin schaute er sich alles ganz genau an. Manchmal riß er auch die Seiten heraus und formte daraus handgroße Ballen, die er danach wegwarf. Wenn er die Zeitung dann weggelegt hatte, fing er an, sich mit seinem Türmchen zu beschäftigen und zwar an jedem Tag im Jahr. Dieses Türmchen bestand aus Scheiben, die Ulrich immer aufeinander legte. Wenn alles voll war, leerte er es wieder um und fing wieder von neuem an. Das war praktisch sein erstes Spielzeug. Ansonsten wollte er mit nichts anderem spielen. Ulrichs spielerische Tätigkeiten wurden nur vom Essen, von Therapien oder dadurch unterbrochen, dass wir das Haus verließen, um etwas außerhalb zu unternehmen. Sobald er wieder an seinem angestammten Platz saß, hatte das Türmchen seine ganze Aufmerksamkeit. Die Scheiben des Türmchens verloren im Laufe der Zeit erst ihre Farbe, später gingen sie dann auch zu Bruch. Ich kaufte Ulrich ein neues Türmchen, aber er lehnte es ab, wollte es nie benutzen. Es schien gerade so, als ob mit dem alten Türmchen die Freude an diesem Spielzeug verschwunden sei.

Obwohl Ulrich nicht schwimmen konnte, liebte er doch das Wasser. Er war eine Wasserratte. Einmal hatte ich ihn in den Dorfbrunnen gesetzt und dann fing er an, so laut zu lachen, dass alles zu uns herüberschaute, Er fand das gut. Wenn wir ins Schwimmbad gingen, zog ich ihm die Aqua-Therapiehosen an. Dann legte ich ihn auf den Rücken, hielt seinen Kopf über Wasser und zog ihn langsam durch das Wasser. Er strampelte dabei wie ein Wilder und freute sich riesig.

Wir hatten damals ein Gastpflegekind, Fred, das als einziges Kind einen Schnuller hatte, weil es abends wieder zu seiner Mutter nach Hause ging. Und Ulrich mochte leider keine Schnuller. Jedes Mal, wenn die Mutter Fred mit seinem Schnuller abgegeben hatte, griff Ulrich sich den Schnuller und zog ihn auseinander. Das konnte ich nicht verhindern.

Ulrich und auch die anderen Kinder wußten genau, wann sie Geburtstag hatten. Sie merkten, dass etwas geschah, dass etwas in der Luft lag, dass dies ihr persönlicher Tag war. Sie konnten auch zwischen Weihnachten, Ostern und den anderen Festen, die bei uns im Hause stattfanden, unterscheiden. Das war dann stets ein besonderes Ereignis für alle. An Weihnachten, wenn der Tannenbaum gemeinsam geschmückt wurde, wußten die Kinder, dass dies ein Fest für alle war. Wenn ein Kind Geburtstag hatte, so sagte ich zu ihm: „Das ist Dein ganz persönlicher Tag heute." Und die anderen Kinder respektierten das, weil sie wußten, dass jeder eines Tages an die Reihe kam.

Der Abschied von Ulrich war nicht schön und tat mir sehr weh. Ich war zu einem ambulanten Termin in der Klinik, wo man mir sagte, dass ich sehr krank sei. Der behandelnde Arzt wollte mich für ein paar Tage zur Untersuchung dabehalten. Ich entgegnete, dass dies nicht möglich sei, da ich zu Hause behinderte Kinder zu versorgen hätte und zudem allein wäre, da mein Mann bereits verstorben war. Der Arzt, fragte mich, wie alt denn die Kinder seien. Ich antwortete: „Der Ulrich ist mit seinen fast vierzig Jahren der Älteste." Daraufhin meinte er: „Dann muß der Älteste ran, dann nehmen wir den in die Pflicht. Der soll jetzt mal ein bißchen kochen." Ich erwiderte, dass das nicht gehe, da er stark behindert sei und erzählte ihm dabei auch von der damaligen Fehldiagnose, die in Ulrichs Fall gestellt worden war. Daraufhin ließ er von seinem Vorhaben ab. Ich bat ihn noch, mir die Medikamente mitzugeben, die man mir auch bei einem stationären Aufenthalt in der Klinik verordnet hätte. Dann verließ ich das Gebäude und fuhr wieder heim, um mich um meine Kinder zu kümmern.

Von Seiten der Klinikärzte hieß es, ich müsse mit der Betreuung der Pflegekinder aufhören. Die Rollstuhlkinder seien jetzt zu schwer für mich und diese Belastung würde meiner Gesundheit erheblich schaden. Nachdem mein Hausarzt mir noch mitgeteilt hatte, dass ich wahrscheinlich nicht mehr lange zu leben hätte, sagte ich mir: „Du musst die Kinder irgendwo unterbringen und kannst nicht hier warten, bis alles vorüber ist." So habe ich dann gezwungenermaßen die Verlegung meiner Kinder veranlaßt. Ulrich wurde von einem Krankenwagen des DRK abgeholt. Er war gerade in seinem Zimmer beim Spielen, als die Sanitätskräfte eintrafen, um ihn mitzunehmen. Allerdings verabschiedeten sie sich nicht von mir, sondern gingen einfach die Treppe hinunter. Ich befand mich gerade in einem Zimmer auf der anderen Seite des Hauses und so bekam ich leider erst zu spät mit, was da passierte. Ich wollte den Sanitätern noch hinterlaufen und mich von Ulrich verabschieden. Dabei bin ich auf der Treppe gestürzt, habe mir den Fuß gebrochen und eine Schürfwunde an der Stirn zugezogen. Ich ärgerte mich maßlos und hatte eine Wut auf diese, in meinen

Augen, unsensiblen Sanitätskräfte. Ulrich wurde in ein Heim im Nachbarort verlegt.

Auch die anderen Kinder wurden nach und nach abgeholt und in andere Heime oder Pflegeeinrichtungen verlegt. Das dauerte eine gewisse Zeit, da nicht alle Einrichtungen sofort freie Plätze zur Verfügung hatten. Später, als ich trotz meines Gipses, wieder einigermaßen gehen konnte, bin ich in das Heim im Nachbarort gefahren, um den damals verpaßten Abschied nachzuholen. Leider hatte Ulrich meinen Besuch so verstanden, als ob ich käme, um ihn wieder mit zu mir nach Hause zu nehmen. Er verabschiedete sich dann auch von den anderen Kindern, indem er sich zu ihnen umdrehte und winkte. Die Enttäuschung stand ihm ins Gesicht geschrieben, als er letztendlich merkte, dass ich nur zu Besuch gekommen war.

Ulrich arbeitet heute in einer Werkstatt, in der Lampen hergestellt werden. Dort macht er eigentlich nur Bälle aus Zeitungspapier, wie er es bereits früher mit seinem geliebten Wochenmagazin tat. Ich besuche Ulrich und die anderen Kinder auch heute noch regelmäßig, soweit es mir mein Gesundheitszustand erlaubt.